まち再生の術語集

延藤安弘
Yasuhiro Endoh

岩波新書
1418

はじめに――コミュニティデザインの星座

全国各地のまち育てにかかわっていて、忘れられない人々の言葉があります。三・一一の津波で被災した仙台市東部地域荒浜地区。赤貝日本一の漁場のある漁師、「オカじゃ海のこと分かんねえ、風向きの変化を波音で聞き分ける。」「魚や農作物を分けあって暮らしてきた絆でまたつながりたい。」「荒浜じゃなければダメなんです。荒浜再生に生涯をかけたい。」とつぶやきつつ、行政の集団移転方針を乗り超える現地ふるさと再生へのしなやかな動きを、住み仲間とともに示しておられます。

筆者の活動拠点、名古屋市錦二丁目長者町地区で、まち再生マスタープランづくりを、地域主体でつくりました。それに触れて、ある経営者はこう語りました。「このプランは私たちの取り組む姿勢が目に見える状態になったものです。「これからのまちがもっとこんなだったら……」との想いで「聴く」「視る」「感じる」を重ねれば、将来のまちは「空間」から意志をもつ「生き物」に変身し、自らの「治癒力」で元気になります。」ここには、内発的まち育ての気運がみなぎり始めています。

長野市の中山間地、少子高齢化・過疎化が進む信里《のぶさと》で、ある時、高齢者の孤独死が相次ぎました。東京からここに移住してきたある新住民の方は、まわりの人々に呼びかけました。「豊かな自然と助け合う心を持つ人々がいる限り、「ここは素晴らしい」と思えるように新聞づくりをしませんか。」編集委員という素晴らしい仲間、タカラが生まれ、住民全員に認知される新聞を通じて「まちの縁側」が営まれるようになりました。

震災・原発事故の被災地でも、衰退傾向いちじるしい地区の大都市でも、限界集落といわれる中山間地でも、わがまち再生の志で困難を克服し、叡知と忍耐とに希望を託す人々の動きに、筆者はふるえるような感動を覚えます。大厄災後のこれからの日本は、まちの再生への人々のあきらめない想像力如何で、人間・地域・国家の幸いが左右されるのではないでしょうか。

無縁社会からの脱皮

日本全体に人間・空間・社会の老齢化・劣化による行き悩みが蔓延しつつあります。人的には超高齢少子化が、空間的には建物の老朽化・空家化が、社会的には仕組み・制度の疲労化が相互にからみあいながら進行し、全面的な閉塞感が漂っています。日本は衰退社会に向かいつつあるといわれる所以です。問題、問題、問題……問題ばかりが山積していますが、解決の道はどこにあるのでしょうか。「全体社会」の綻びが目立ち始め、国家というパラダイムもゆらいでいる時、大切なのは「部分社会」の内発的再生、すなわち、地域（住民も行政も）が自ら地域らしさ、人間らしさを創り出す企てと実践を重ねていくことです。そのことを、まち(地域)再生と呼ぶとしますと、まち再生は「自分たちのまちは自分たちで守り育もう」とドライブする(内から働き動かしていく)、持続的プロセスにその生命があります。

二〇世紀から二一世紀に移行する頃に政府がおしすすめた都市再生特別措置法等は、東京一極集中にさらに拍車をかけ、都市再開発(再生)としての(超)高層建築群をいたずらにおしひろげ、既存コミュニティが破壊されてきています。人と人、人とまちの間が切断され、どこもかしこも同じ固い非人間的な風景がひろがり、場所の喪失は恐ろしい程に進行しています。

加えて高齢者の孤独死や鬱の蔓延は、無縁社会と個人主義化した社会の病理を暗示しています。二〇一一年の東日本大震災は、非常時の危機突破の基本がコミュニティにおける日常の人と人のつながりにかかっていることを一層浮き彫りにしました。

こうした背景のもと、ゼロ年代が過ぎた二〇一一年から「コミュニティデザイン」を標榜する本が注目を集めています。それらは、一九八〇年代後半から二〇〇〇年代にかけて著されたまちづくりの啓蒙書や批判・提言書、あるいは実践・手法書とは明らかな違いがあります。もともと「コミュニティデザイン」の言葉はアメリカに由来し、それは「住みやすい町をつくるためにコミュニティの人々が計画に参加する。下からの参加型都市計画のこと」(ランドルフ・T・ヘスター、土肥真人『まちづくりの方法と技術――コミュニティー・デザイン・プライマー』現代企画室)ですが、日本で今出版されている「コミュニティデザイン」の本がとくに重点をおくのは、「シェア」「人がつながるしくみ」「関わり・つくり・巻きこもう」等、よりソフトに人々のつながりや関わりを促す仕掛けの提起です。とりわけ、「デザイン」を「問題の本質を一挙に捉え」、コミュニティに「調和と秩序をもたらす行為」「美と共感で多くの人の心に訴え、行動を喚起し、社会に幸せなムーブメントを起こす行為」と定義づけるのです(issue + design project、筧裕介監修『地域を変えるデザイン——コミュニティが元気になる30のアイデア』英治出版)。

物語りとしてのコミュニティデザイン

では、コミュニティデザインとは、どんな概念なのでしょうか。コミュニティデザインとは、ひとりひとりがキゲンよく安心して日々をすごせるように(目的)、人と人のつながりを育み(参加)、固い空間を柔らかい場所に変え(空間)、時をかけて人間と環境が共に育み合う(マネジメント)総合的プロセス全体を指します。ロジカルにはこのように説明できますが、大切なことは、人々の経験のなかで実際に生き生きとしたコミュニティデザイン(人々の活動とまちの育み)が生成することです。即ち、かかわる人々が「いま、このときゆえの出会い」に触発されて、ヒト・モノ・コトの関わりに参加し、自らがその物語りの中に生きることで、人間と環境が相互に育み合い、エンドレスにそのストーリーが持続・発展していくこと。それがコミュニティデザインです。

現実にまちの状況を具体的に変える生彩あるプロセスを起動し持続させるためには、人々の参加をひきだす物語り的な力と、論理的な力が動かしあう仕掛けが必要です。どちらか一つでは動きません。とりわけ、本書では前者すなわち、「ナラティブ・コミュニティデザイン」「物語り的なまちの育み」に注目します。

「心の習慣」からの脱却

本書は、物語りとしてのコミュニティデザインのキーワードを提起します。キーワードには番号をつけますが、順に並んでいるというより、星座のように散らばり相互に結び合って物語りを生み出します。それらを次の四象限に配置して(↓術語の星座)、四つの章をおきました。

Ⅰ　歓喜咲楽(よろこびわらいあそぶ、楽しさと遊び)
Ⅱ　私発協働(自らが主となりまわりとつながる、つぶやきをかたちに)
Ⅲ　対話共育(話し合い、知恵を育み合う)
Ⅳ　軋変可笑(軋みを可笑しみに変える、トラブルをドラマに)

キーワードというと、ＰＦＩ、指定管理者制度、災害公営住宅、防災集団移転事業等々、専門家や行政職員は専門用語・制度用語に傾きがちです。ともすると、「モノ・カネ・セイド」から、とりわけ「オサイフ」から入っていく「心の習慣」から離れられません。「オサイフ」の大きさや「セイド」の制約を問題にする前に、「何をやりたいのか」「何を目指すのか」「かくありたい」というコンセプトづくりに赴き、「かね」よりも「かち」づくりを重視する「心の習慣」を育むべきではないでしょうか。

子育て、老いのすごし方、まちの育みなど、多様な切り口で「かくありたい」とつぶやき、それを束ね、一人ぼっちから、ゆるやかなつながりへ、柔かい物語りづくりへ向かう「心の習慣」を育むこと。「私はできる」というポジティブな活動志向も、「世界はいいナ」という肯定的な共感志向も、自分と環境との相互作用を前提にしています。

心の哲学や認知理論では、その前提となるものを、自分と環境とのつながりの「拡張した心」(extended mind)ととらえ、極めて重要な概念として近年注目しています(河野哲也「脳から身体・環境へ――エコロジカル・アプローチと拡張した心」『岩波講座哲学5　心/脳の哲学』岩波書店)。「拡張した心」が、「心の習慣」を変えることは可能でしょう。

中村雄二郎『術語集』(岩波新書)は、「術語とはことばのなかのことば」としていますが、本書はまち再生の術語集として、人々が物語りを生きる「心の習慣」を養う「心に届く言葉」をさがしていきたいと思います。

目　次

凡例

- 各章のそれぞれの項目は、番号にかかわらず、どこから読んでいただいても構いません。
- 各項目のタイトル語(キーワード)が別の項目の文中に登場する場合、文字脇に項目の番号を付して相互参照を促しています。各項目の場所はページ数の横(各奇数ページの左上隅)に示しています。項目間を行きつ戻りつして、お読みください。
- 項目タイトルのキーワード全体の配置や互いの呼応関係を見渡せるよう、番号順目次とはべつに星座図上に配置した目次を作りました(次ページ参照)。

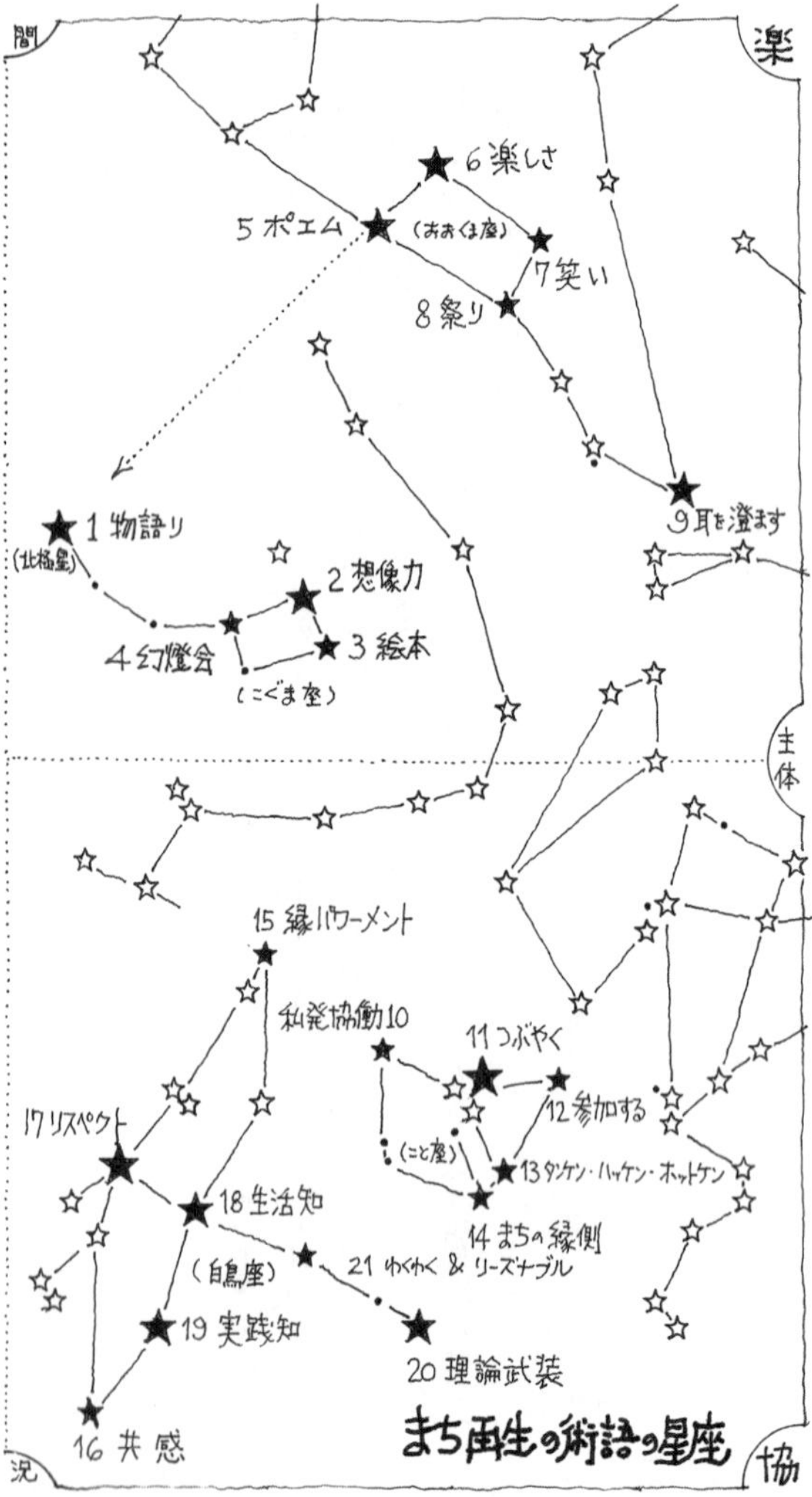
闇
楽
主体
況
協
1 物語り
(北極星)
2 想像力
3 絵本
4 幻燈会
(こぐま座)
5 ポエム
6 楽しさ
(おおくま座)
7 笑い
8 祭り
9 耳を澄ます
私発協働 10
11 つぶやく
12 参加する
(こと座)
13 タンケン・ハッケン・ホットケン
14 まちの縁側
15 縁パワーメント
16 共感
17 リスペクト
18 生活知
(白鳥座)
19 実践知
20 理論武装
21 わくわく & リーズナブル
まち再生の術語の星座

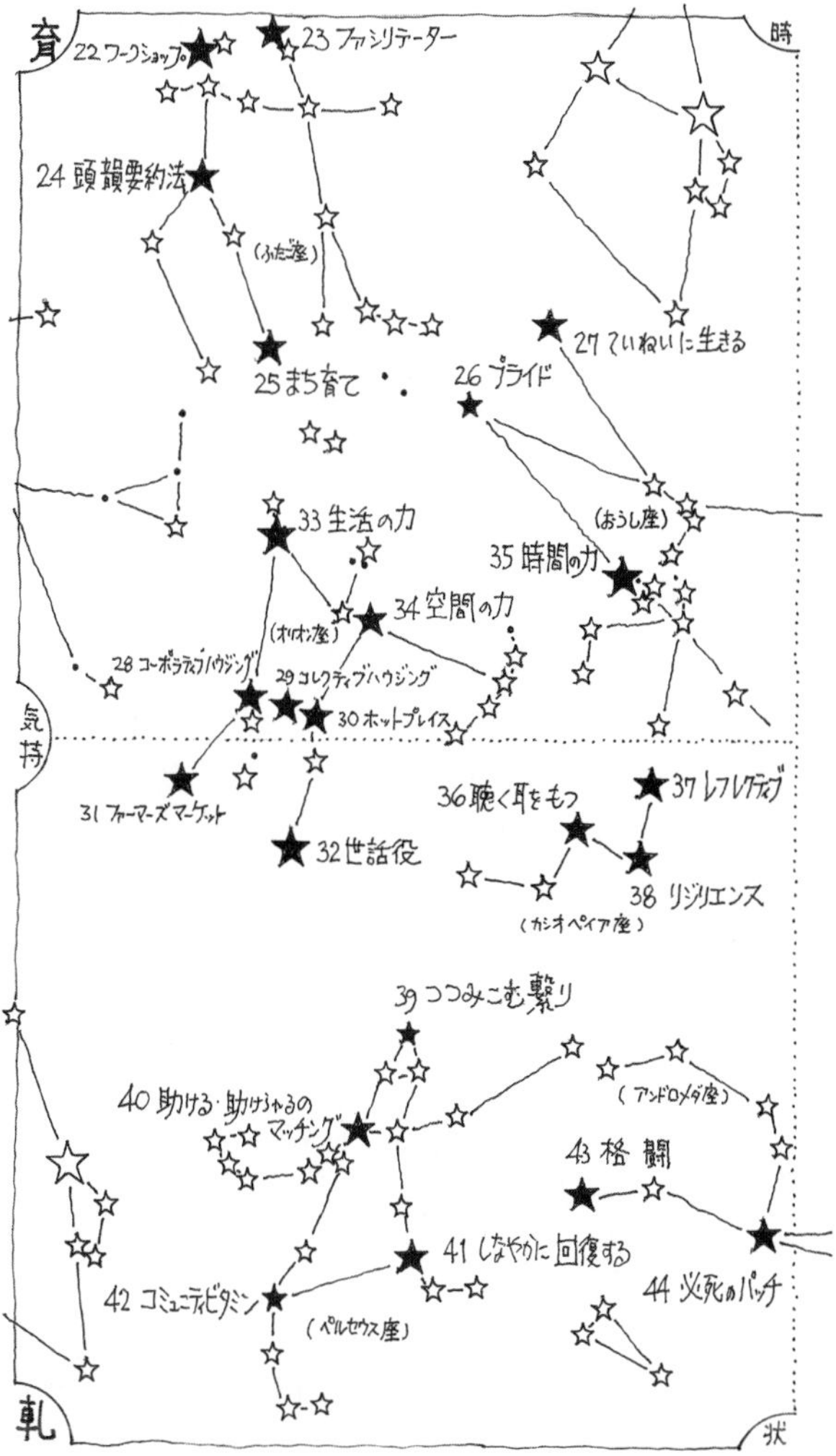

育
時
22 ワークショップ
23 ファシリテーター
24 頭韻要約法
(ふたご座)
25 まち育て
26 プライド
27 ていねいに生きる
(おうし座)
33 生活の力
35 時間の力
34 空間の力
(オリオン座)
28 コーポラティブハウジング
29 コレクティブハウジング
30 ホットプレイス
気持
31 ファーマーズマーケット
32 世話役
36 聴く耳をもつ
37 レフレクティブ
38 リジリエンス
(カシオペイア座)
39 つつみこむ繋り
40 助ける・助けられるのマッチング
(アンドロメダ座)
43 格闘
41 しなやかに回復する
42 コミュニティビタミン
44 必死のパッチ
(ペルセウス座)
軋
状

1　物語り

現在まちにも地域にもニッチもサッチもいかない悩み事や困り事が山積しています。そんな時、惰性にまかせるのではなく、状況を開く活性化の仕掛けが不可欠です。それはワクワクする、そしてリーズナブルな（理にかなった）仕掛けです。そのことは、古事記にある岩戸開きの神事にあらわれています。隠れてしまったアマテラスオオミカミが岩戸をあけて顔を覗かせる神話は、「驚き」と「笑い」というワクワク状況が人々の感性をひらき、リーズナブルに筋道だてて状況をつくり変える創造力・再生力をもたらすことを示唆しています。

現代に戻って考えますと、現代社会の惰性的状況とは何をいうのでしょうか。「ヒト・モノ・コト」のかかわりあいの中で生きている私たちは、その繰り返しの日常性の中で、「惰性化」を不思議と思わない「心の習慣」にはまる傾向がみられます。行政も災害復興に対してまず国の予算制度ありきで、現場の住民の声に耳を傾けない「モノ・カネ・セイド」偏重の「惰性化」「心の習慣」から抜け出せない傾向があります。

現代日本社会の息苦しさは、このような「惰性化」の「心の習慣」によるものが非常に多いのではないでしょうか。例えば、公営住宅や図書館など公共空間をつくる時、一部にユーザー参加のケースはみられるものの、ユーザー特性や地域特性を無視したハード先行による「ハコモノ」が圧倒的に横行しています。殺風景な公共空間は、機能性はクリアーしても、人々が愛着をもって慈しむ気もちをそぎ落とし、人と人の間もきれぎれにしていきます。

その責任は、行政だけではなく、住民の恐ろしい程の無関心と受動的な姿勢にもあります。その無関心が、バラバラの人間関係、話し合いのなさ、合意形成力のなさの惰性を生みだし、積極的なかかわりの機会と住民力を養うソフトの不在のままハコモノをもたらし、ひとたび出来あがった空間や施設には禁止ずくめのルールありきの固い管理が横行するのです。

こうした悪しき心の習慣とその社会的惰性化は、

「行政・住民の在来的関係」
「参加の不十分さ」
「空間デザインの欠如」
「マネジメントの不在」

という四つの側面が、相互に強く規定しあう悪循環を成していることがわかります。

このような社会構造的「惰性化」を、どのように「活性化」の仕組みに変えることができるのでしょうか。私たちの日常の経験である「ヒト・モノ・コト」が惰性化したときには、「非日常」と「想像力」[2]を持ち込むことによって、「活性化」することができます。活性化とは「ヒト・モノ・コト」の惰性化した関係にゆたかな「異なった状況」をもちこむことです。

まち再生はなによりも、人の心の営みです。まちの再生、コミュニティデザインは、心の働き方を変えることで、惰性化した状況を活性化させるプロセスなのです。

さきほどの四つの側面をそれぞれ活性化させるプロセスとは、

- 状況にいかに「ゆたかなふくらみ」を与えるかという「戦略デザイン」
- 人と人のつながりをいかに仕掛けるかという「参加のデザイン」
- どんなモノを配置しどんな親密な場所にしていくかという「空間デザイン」
- 「ヒト・モノ・コト・トキ」をいかに仕組むかの「マネジメント・デザイン」

の四つのプロセスになります。

どのような「ゆたかなふくらみ」をもたらすか、とは「何を目指すのか」という「価値」の探求を意味します。目前の状況と目指す価値との差異を見極める戦略デザインは、すなわち価値のデザインです。参加のデザインは、人間関係のデザイン。空間デザインは、モノが媒介となって「ヒト・モノ・コト」の関係性を弾ませます。マネジメント・デザインは、社会の仕組みや制度を改変する社会デザインです。

この価値・人間関係・空間・社会という四領域のデザインを、状況に応じてつなぎあわせ、滑らかに動かすためには、人々の内から「やってみよう」という能動的な感性をフル動員しなければなりません。感性の開花、人の気もちがおのずから開かれていく状況は、楽しさや[6]笑い[7]から生まれてくるものです。


状況を根源的につくり変える戦略、すなわち、何を目指すかの価値は、観念に先行して祭り[8]や遊び等楽しいふるまいの共有を通して、未来への企みの方向感・センスを相互に発見し、そのコンセプト・概念を手のうちに入れることから始まります。まち再生をもたらすコミュニティデザインは、遊び心のある楽しさからはじめましょう。そのことによる人と人のつながりと参加と対話を通して知恵を出し合います。そしてひとりひとりのつぶやき[11]がかたちになる（私発協働[10]により、ソフトからハードに至る）空間デザインにつなぎましょう。加えて、ヒト・モノ・コトのかかわりの最適状況をめぐって発生する多様なトラブルを、ドラマに変えていきましょう。

このような流れは、まち再生とは「物語り[1]」の分かち合いであること、そしてひとびとが互いにナラティブに「語り」あう場・状況づくりであることを示しています。物語りとしてのコミュニティデザイン——住民ひとりひとりが役割を担い、人と人の関係を通してまちを育み、まちに潜在する価値を育み、生きることの意味を分かちあう、という物語り。ナラティブ・コミュニティデザインのあり方を考え、反すうすることが、本書のねらいです。

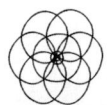

I　楽しさと遊び

樂働育笑
咲協共可
喜發話變
歡私對軋

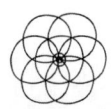

2　想像力

やりきれない出来事が多発する現代に、生きることの希望を、意表をつくかたちで授けてくれる、絵本を一冊[3](Bob Graham, *A Bus Called Heaven*, Walker Books Ltd., 2011)ご紹介します。

あるまちのある大通りにうち捨てられたバス。行き先表示は、なぜかガムテープで「天国」。幼い女の子ステラはある日つぶやきます。「お母さん、この古いバスは浜辺に打ち上げられた鯨みたいだわ。」停滞状況を変えるのは、見捨てられていたモノがタカラモノに見える瞬間です。バスを鯨と見立てた子どもの想像力！　まちの人々も古いバスのまわりに集まってきてつぶやきを発し始め、人々がつぶやきを交わすと、まちも活き活き動き始めます。つぶやきというスポンティーニアス(自発的)な心の動きが互いに響きあう時、人もまちも変わっていくのです。

ステラはバスの中に足を踏み入れ、「これは私たちのものになるかも」。予感に満ちた子どもの言葉には、状況を内側から変える不思議なチカラがあるのです。ステラのお母さんと周りの人々は、バスをステラの家の前庭に移動させます。

家に帰ってきたお父さんは、敷地からはみ出して置かれたバスを見て「キソク(regulation)に触れるかも知れないね？」ステラは「バスはここでは、こうしか置けないのヨ。これが私のキソクなの」と。大人はキソクに上からしばられがちですが、子どもは状況に相応しい下からの調整を“my regulation”「私なりのキソク」と敢然といってのけます。常に基本から問い直す、まっすぐで(regular)自由な感覚にあふれるステラの言葉にハッとさせられます。

次の朝、ステラは窓の外を眺めて驚きます。これまで誰も座ったことのないところに近所の子どもたちが座っている。バスの車体の下には何人も幼い子どもたちが戯れている。庭に、古いバスという異物が置かれたことで、その空間が親密で柔らかい場所に変わる。捨てられた古い異物が、ある空間と結びつく時、そして人や生物と結びつく時、再生される。くたびれて廃棄せざるをえなかった無機的なモノが、子ども・大人・カタツムリ・スズメ・雑草たちによって、生命はずむ有機的な場所の中で蘇っていきます。

劣化して捨てられたモノを蘇らせるためのキーワードはsettle in(落ち着きのよい場所に置くこと)です。再生とは、モノでも建築でも、それを落ち着きのよい場所に、ヒト・モノ・イキモノの関係の中に、置き直すことなのです。東日本大震災からの東北復興における「ふるさと再生」も、まさに暮らしの風景があるべき場所にsettle in(腰をすえる)ことなのだと思います。

10

「古いバスの車体はステキな絵が描かれ，人々はそこが居場所になるようにいろんなモノをもちこみました」

暮らしと仕事の営みがあるべき場所で紡がれ、風や土や草とともにしなやかに回復する中で[41]、災害「復旧」を越えてふるさとと再生への settlement（問題解決）がなされるなら、その時こそ「災害」という「負債」が settle up（精算）されるのです。

あの絵本の物語りに戻りましょう。その晩、ある青少年たちのバンダリズム（環境破壊）でバスは落書きされます。真夜中、ステラのお母さんは出ていってこういいます。「あんたたち、私にはいいアイディアがあるのヨ。明日ここにまたおいで。あんたたちの力でこのバスをピカピカにできるのヨ」と。翌日、青少年たちはステラの下書きした絵を見事にバスのボディ全体に描き上げました（図）。

ここには、悪さをする青少年を禁止の世界に追いやるのではなく、人間がもつ表現力を積極的に活かす「修復的実践」が示されています。悪事や犯罪に足を踏み入れる若者たちに向き合い、懲らしめではなく、本来の表現力や善行の力を引き出す「修復的正義」という考え方があります。このことを地域の思いやりの関係のなかで、即ちコミュニティの力で、実践すること、それが「修復的実践」です。

まちの人々が役立つものをいろいろ持ち寄り、古いバスには活き活きとした生活が戻ってきました。生活が戻る＝再生とは、ハイハイする赤ちゃん、笑いあう人々、ケンカする子ども、犬をなでるおじいさん……人々の集う場が準備される、若いカップルが出会う、幻燈会[4]がひらかれる等々、多様な人々のふるまいが次々と湧き出す状況づくりのこと。この捨てられた古いバスも、多世代の人々のゆるやかな出会いと交流の安心居場所として再生され、「まちの縁側」[14]となりました。

さてある日曜日の朝、バスのまわりでは音楽が流れ人々が踊り、ピクニックのように笑い声がさんざめいていましたが、突然レッカー車があらわれました。産業廃棄物処理場のボスは言います、「バスをクラッシャーでつぶせ」。ステラの頬は燃えるような赤い色に染まりました。

彼女はポケットの中のカタツムリと共に、怒りに心を震わせながらも、冷静にボスに提案します。「すみませんが、あなたとフットボールゲームをやりたいのですが。もし私が勝ったら、バスは私のものです。」「なぜバスのためにお前とフットボールゲームをしないといけないんだ？」とボス。「バスのエンジンにスズメが巣をつくっているからです」とステラ。ゲームで勝利をおさめたステラがバスに駆け寄ると、スズメのヒナが誕生していました。処理場のボスはつぶやきました、「バスが安心できる場所に移せてよかったナ」。

突然のトラブルに機転をきかせた子どもの知的直観力は、不安に満ちた現代社会を生きる私たちにとって、きわめて示唆的です。ステラは絶体絶命のピンチに追いこまれても、ひるむことなく自らの得意技で対抗し、乗り越えていきます。機転をきかせ、必死のパッチ[44]で打ち勝つ力はどこに由来するのでしょう。

それは、生の価値への深い思い入れではないでしょうか。ステラの生の価値、すなわち何よりも大切にしていることは、小さい生命への共感[16]であり、それは、ライフ・生命・生活がたがいに具体的なつながりの中にある、という精神の根拠を持っています。その根拠を希望と呼ぶとすれば、希望とは、自分が生の輝きと共にあることに最大の価値をおくことから生まれる力でしょう。何を目指して生きるのか、という方向感覚として、この希望をもっていることは幸せです。精神の拠り所であるこの希望が破壊されるようなトラブルに直面した時、そのトラブルを生のドラマに変える力こそ、想像力です。この想像力とは愛にほかなりません。なぜなら想像力とは、他者の内的経験を自己のそれとして想い描き、主体的に受けとめる能力のことだからです。

絵本は想像力というコミュニティビタミンの源泉です。思いがけず、コミュニティビタミン[42]なる言葉が飛び出しました。人間の身体にはビタミンがなければ生命活動の維持ができないように、ひとも地域も、活き活きとした活動を開始・維持・持続するための触媒として「コミュニティのビタミン」が必須ではないかと思います。

生命へ想いを巡らせ、「生きる意味」をさぐりあてる想像力が、トラブルをドラマに変える力となります。生きる意味とは、「今・ここ」で「ほかならぬお前」がなすべきだ、という一回限りの「時の要請」です（諸富祥彦著『「夜と霧」ビクトール・フランクルの言葉』コスモス・ライブラリー）。この一回性の判断は、生命への想像力からやってきます。絵本は、外的状況の絶望を希望の始まりに変え、トラブルをエネルギーに変える想像力の源なのです。

3　絵本

さらに何冊か、方向感のビタミンをくれる絵本のつぶやきに[11]、耳をかたむけてみましょう。

＊

「みんなでつくったあさごはん。14ひきのあたらしいいちにちのはじまり。」里山のネズミ家

◎

族の暮らしの物語、いわむらかずおの傑作シリーズの一冊『14ひきのあさごはん』（童心社）のあるシーンです。円いテーブルを囲んで共に朝食をいただく光景、ひとりひとりが生きる養分を得つつ、おしゃべりでお互いの今日一日のすごし方の方向感を分かちあっています。食というふるまいとテーブルの円い形は互いをゆるやかに明確につなぎとめています。食や円を通してつながる、という発想が、絵本の画面から滲みだしています。

＊

「それじゃ、ちゃんと計画をたててやりましょうね」とお母さん。ドイツのゲルダ・ミューラー作の『ぼくの庭ができたよ』（ささきたづこ訳、文化出版局）は、まちなかの古い家に引っ越してきた家族が、荒れはてた庭をきれいに整え、近隣の子どもたちと自然の出会いのある遊び場を育む、というストーリーのまち育て絵本。家も道も緑も整然と並ぶドイツのまち並みの美しさは、住民も生活の中で「計画する」（プランニング）という言葉を使うことにつながっているのでは？　無秩序をテコに、ゆるやかな秩序を生み出していくための「計画」。「計画をたててやる」という考え方・手法が、住民の生活に浸透している文化の力が、ここにのぞいています。隣のマンションの三階に住む車椅子の男の子が、ベランダのクレソンをバターつきパンにのせてご馳走しています。障がい者もそうでない者も共に生きる生活世界が生き生きと描かれています。

「ねえみんな、わたし歯がぐらぐらするの!」チェコ生まれアメリカ在住の、まちと子どもの関わりを想像力豊かに描くピーター・シス作『マドレンカ』(松田素子訳、BL出版)。ニューヨーク、マンハッタンのアパートに住む幼い女の子マドレンカは、乳歯の生えかわりを、近隣の商店主や住民に次々と伝えていきます。大人はひとりひとり「それはメデタイ」「お祝いしよう」といいながら、彼女に子ども時代の故郷の思い出を語りかけます。人種のるつぼ、ニューヨークに住む世界中からやってきた人々、それぞれの故郷のわくわくドキドキの幻想的なイメージを喚起する見開きページの絵。頁の中央に穴があいていて、次に何が出てくるかのゾクゾク感がある楽しさ。

*

「フラミンゴは、はなをどっさりくれました。そこで3びきのちいさなオオカミは、はなのうちをたてました。」イギリスのユージーン・トリビザス文、ヘレン・オクセンバリー絵による『3びきのかわいいオオカミ』(こだまともこ訳、冨山房)は、『3びきの子ぶた』をパロディー化した、抱腹絶倒の傑作絵本。破天荒なワルサを次から次へとやる目つきの悪い大ブタに対して、強さに対して強さで対抗する限り、自らの身も世界の破滅をもたらすと考えた三びきのかわいいオオカミは、見事な発想転換に赴きます。「強さ」に対しては「弱さ」と「やさしさ」

◎

と「美しさ」をもって対応すると、何と敵対関係が友愛関係に見事に変わってしまうのです。トラブルをエネルギーに変える、発想の転換を示唆するこの絵本は、頭の固い私たち大人、専門家を触発してやみません。

手元のこれらの絵本を順々にひもとき、キーワードを列挙してみます。

- 食と円を通してのつながる発想
- 生活の中に「計画」の発想を
- ゾクゾク感のある楽しさ
- トラブルをエネルギーに変える

私たちは、日々の生き方や仕事のすすめ方やまちの育み方[25]において悩んだり行きづまったりしています。これらの絵本の投げかけるキーワードは、その病状の回復を早め、健やかな人・まちの生き方への示唆を与えてくれるものであることに気づきます。ビタミンDが骨のもとになるカルシウムの吸収を助け、大腸がんや糖尿病などのリスク低減にかかわるのと同じように、絵本のメッセージは、私たちの生きる力を内面から育んでくれるコミュニティビタミン[42]です。

4　幻燈会

ひとりの心に幻《まぼろし》をひろげ、別のひとりの心に燈《ともしび》をともす——これが幻燈会です。今時はスライド・ショーというかっこいい言葉があるのに、何故古めかしく幻燈会というのか疑問を覚える方もおられるでしょう。「スライド」といえば、コマが横に滑るという機械的・機能的言葉ですが、「幻燈」は、「ともしびの向うにまぼろしを見る」。ひととひと、住民と行政の間がキレギレになりがちな現代、「燈の向うに幻を見る」ことができるなら、これは意味あることではないか——ということで、筆者はあえて「幻燈会」と呼んでいるのです。

筆者の幻燈会は、集まった人々に、絵本の一場面やまちづくりの生きのいい現場の様子を次々と映写し、語りかけていくプレゼンテーションです。その意図は……(1)まち育ての現場の画像でひと育ち・まち育て・まちづくりへの関心志向をひらく、想いの発露の縁結びを行うこと、(2)画像と画像のつながりの中にみえてくるヒト・モノ・コト・トキのつながりを物語りにし、状況をつくり変える計画志向に赴くこと、(3)一連の映写とストーリーテリングを見て・聴いてもらうことで共感の世界をひらくこと、(4)見た人が幻燈に感化されて、まち育て

への想いを自らの場で実現しようと志向すること……にあります。要するに筆者＝幻燈師は、あるアクチュアルな現場の写真と、そこから描かれる物語りが相互浸透をおこすことで、まち育てへの想いが人々の記憶に焼きつき共有されること、ひと育ち・まち育てへの想像力[2]を喚起し、アクションオリエンティッドな（＝状況づくりの活動志向の）元気を養いあうこと。筆者は幻燈師として、そのような視点を持つ新しいアートの表現者たることをめざしています。

参加者は幻燈会から、なにを摂取しているのでしょう。プログラムに仙台荒浜や名古屋長者町の画像と物語りを盛り込んだ、ある日の名古屋都心での幻燈会の反応をみてみましょう。

- まさか、〔愛知〕トリエンナーレから三・一一以降の復興プロジェクトまでがストーリーとしてつながるとは！
- 先生の語り、不思議な雰囲気すばらしかったです。今までの活動の記録とても勉強になります。
- 現在を思うには過去と未来を思うことが同じくらい大事なんだなって、思いました。人と人、まちと人、何かと何かの間にあるあたたかなものを大事に大事に、はぐくんでいきたい、と、強く思いました。誰も一人では生きていけないですものね。
- 先生の語り口は言葉を大切に選んで時折ユーモアも笑いも交えて、しっかりメッセージも伝

わってきて、印象深い幻燈会でした。／荒浜の人はかつての様にまた荒浜(浜のみえる)に住みたい／長者町のアスファルトコンクリートジャングルを緑と人々の集う街に変身させたい／〔トレーシー(26 プライド)のまちのように〕人が楽しく暮らしてこその街、人が主役であるということをあらためて感じました。

松本大学のファシリテーター[23]講座の幻燈会では仙台荒浜、京都ユーコート等をとりあげました。

• ここのところ勇み足になっていた私を共感的・受容的・肯定的に受けとめられ、「ほんで何を目指して生きるんやー」とやさしく問いかけて下さいました。「予感をかきたてる」、「コミュニティとエコロジーが交差するまち育て」、「最も個人的であると同時に最も社会的」、「いなさ(南東から吹く豊作・大漁をよぶ風)とあらしが私を育ててくれる」、「人は人に集まる」。〔こういう〕共感[16]を呼ぶつぶやき[11]と語りかけは、私もやってみたい、私もその中の住人になりたい、と思ってもらえるもの。

• 東北コットンプロジェクト(被災地仙台荒浜での綿花栽培)のしなやかな発想転換が印象深い。行政と住民の間に立って問題を解決するコーディネート力のある人が必要と思う（官と民では方法を同じくすることに無理があると思うので）。

・否定からは何も生まれていかない。「だめだ」ばかりでは前に進まない。あきらめないで前に進むには苦しみやトラブルをエネルギーに変える柔軟性と強さが必要。小さなタネでもまけば必ず大きく育つ。

・ひとり一人の「気づき」が地域を変える大きな発想になる。皆が集まる「場」の提供を意図的に行うことも重要。問題に対して、住民の一部にでも共感が生まれたときに本当のまち育てが始まるのでは。

・視覚から入っていくこと、物語りを語る流れるような語り口に、自然に入りこんでゆく手法の魅力にひかれます。様々なキーポイントがありましたが、「人はその地域の自然と文化に帰属する」という言葉が印象的でした。心に残りました。地域づくりは、物語りを紡ぐことなのでしょう。目的の為には、周りの小さなざれ言を気にせずに、頑張れる精神性も必要かと。

ヒト・モノ・コト・トキの生き生きとした関係を物語り的にプレゼンテーションする幻燈会は、参加者の心に共感的・受容的・肯定的感情を促し、「あんなふつうのおっちゃん、おばちゃんがあんなにエエことやれるんやったら、私らにもできる」という、まちづくりへの方向感が芽生えていることをうかがわせます。さらに幻燈会は、「トラブルをエネルギーに変える」「気づきが地域を変える」「物語り的アプローチ」といったキーワードが、参加者の記憶にとどまるような仕掛けになっています。人々の内に潜在するエネルギーを引きだす効果があるのです。

5　ポエム

二〇一二年三月三一日、東京は港区白金にある明治学院礼拝堂で、詩人和《わ》合《ごう》亮一さんの詩の朗読とオルガン演奏のコラボレーションがありました。三・一一以後「ツイッター」で「作品を修羅のように」発信しつづけた(『詩の礫』)和合さんは朗々とした肉声をもって、大震災後の生活現場の荒れ地に佇みつつ、困難な未来に向き合う心のざわめきを詩いあげました。オルガニスト(長谷川美保さん)は時には深く、時には軽くたゆたう音色を絶妙な間合いで響かせ、建築家ヴォーリズによる聖なる空間の力とも響きあう感動的なパフォーマンスとなりました。

翌日、和合さんと筆者、そして地元港区の住民たちとのディスカッションが南麻布の東町小学校図書室でひらかれました。ショートプログラムの幻燈会を含む二時間、その日の主題「子ども達に残したいコミュニティの条件」のまとめを、筆者は頭韻要約法[24]を使ってまとめ、ファシリテーター[23]役を担いました。

筆者がまとめたこの日の四つのキーとなるフレーズは「緑におおわれたまちに」「何代にもわたって世代循環する地域の歴史継承に赴こう」「得意技をおすそわけするソーシャル・アンクル・アーント」「苦しいトラブルをエネルギーに変えよう」。これらの頭の文字をタテにつなげて読むと「み・な・と・く(港区)」です、というと、会場から拍手がまきおこりました。

「港区」が詩的なことばとはいえませんが、地域からはマンション管理組合理事長、町内会長、PTA会長、外からは詩人、研究者という立場の違う者が集って交わしたあちこちに飛ぶ話題を、軽い韻をふんだまとめでアドリブ的に集約すれば、その場に発せられた心に留めたいキーワードの「生け捕り」です。人間性の奥深くに言葉を届かせる、詩のようなふるまい、と言ってはいささか言いすぎでしょうか。

筆者のまとめのあと、「言葉の力」のプレゼントとして和合さんによる詩の朗読がありました。「きみは何をさがす／ふるさとのありかを／再生のありかを／言葉のありかを／震災における喪失のすべてに捧げます」という詩から始まる自著『詩の邂逅』(朝日新聞出版、二〇一一年)を手にした彼は、力強く「決意」を詩いあげました。

「福島に風は吹く
福島に星は瞬く
福島に木は芽吹く
福島に花は咲く
福島に生きる」

彼の身体を通して、地に足をつけた人間のつぶやき、[11]叫び、絶叫が会場に響きわたりました。シンプルでリズミカルな言葉のリフレインは、特定の地域と人びとに法外なリスクを押しつけた上に「捨ててもよい」土地にしてしまう差別への根源的な批判と、それを乗り越えてふるさとを希求する心の、感情のままの吐露でした。そこにいた人々も筆者も涙しました。

詩には、事の本質を端的に伝え、生きる方向感（センス）を喚起する力が横溢しています。それは、絵本と同様、コミュニティビタミン[42]でもあるのです。

6 楽しさ

かつて「ガチャマン」という言葉があったまち。織物機械が「ガチャ」と音を立てると一万円札が舞い込むほど超景気のよかった時代の言葉は今や死語となり、まちは閑古鳥が鳴くさびれたまちになりました。日本の三大繊維街の一つ、名古屋市中区錦二丁目長者町地区のことです。NPO法人まちの縁側育くみ隊と延藤研究室は、この地区のまちづくり連絡協議会の要請を受けて、二〇〇八年から、まちの再生の支援にかかわっています。

一六ヘクタールの都心地区には昼間は約二万人が働いているのに、夜間は四三〇人しか住んでいない「限界地区」です。繊維業廃業の後はシャッター閉じたまま、加えてビル解体後はコインパーキング化が地区面積の一三パーセントに達しています。クリストファー・アレグザンダー(アメリカの建築家)によれば、まちに八パーセント以上の空き地が発生すると、そのまちは死滅に向かう、それ程のドン底に落ち込んでいます。ドン底からの再生をめざす地域の居住者・地権者・事業者たちは、二〇年後のヴィジョンをもとうと、私たちNPOを始め名古屋地区の複数の大学研究室、専門家たちとの協働で、三年をかけてマスタープランをつくりました。その際に心がけたのは、対象を分析する「分析的戦略」よりも、人々が楽しい活動・アクションを多様に次から次へと分かち合いながら、方向感を獲得してゆける「楽しさ戦略」をとることでした。

人がバラの花の匂いをかいでいるとき、自分自身がバラの匂いそのものになっていると感じるように、人がまちに何らかのかかわり、とりわけ楽しいかかわりをもつとき、人はわがまちを好きになり、まちへの帰属の意識をもつ――この過程を育むことから始めたのです。まちのタカラを探検し発見しワクワクして放っておけなくなる「タンケン・ハッケン・ホットケン」[13]の活動、まちづくりヴィジョン作成の談論風発のワークショップ[22]、短歌形式の「まちづくり憲章」づくり、子どももまちタンケンと布絵のワークショップ、町のタカラを一枚一枚絵札・読み札にした「色は匂えど長者町カルタ」づくり。古いビルの屋上でミツバチを育て、ミツバチは二～三キロ圏内にある花々から花粉を集め、さっぱりとしたまろやかな甘いハチミツは飲食店で活かされていく等々。こうして楽しい活動を連鎖しつつ、まちづくりの方向感と計画内容の柱を組みたてるのが、「アクション・オリエンテッド・プランニング」の方法です。

　詳しく紹介する余裕はありませんが、こうして「みえない未来をみえるようにする、これからの錦二丁目長者町まちづくり構想（二〇一一～二〇三〇）」をまとめあげました。これまでの居住者とこれからの来訪者、地権者、事業者、働く人、まちのファン等が、このまちに共に生きる方途を探った文章や図解・イラスト表現が、ここには多彩に盛り込まれています。

　この作成過程に訳あって参加しなかった地権者・事業者の一人、滝一之さんは、マスタープランを見て言いました。「金もうけのプランなら同調できないので、参加しませんでした。しかし出来上がったものを見ると、私が望んでいた内容そのものです。こんなにもまちのタカラを生かし、人々のきもちを育みながら、ものづくりに至る道筋を明確に示すプランをつくることに、私がかかわらなかったとは、私自身の生きる自由を束縛していました。私はこれからこのマスタープラン実現のために、私の生きる自由を拡大していきたい……。」

滝さんの言葉には、より創造的で自由な「私」として生まれなおすこと、「私自身であろうとする衝動」(これは有島武郎の言葉ですが)が表れています(倉数茂『私自身であろうとする衝動』以文社)。自由とは、与えられたものに依存することなく、その人の生き方を発展させ、促進させる可能性のことです。アメリカの実存哲学者にして実存心理療法のリーダー、ロロ・メイの言葉を引くなら、「自由は、すべての価値の母体であり(……)例えば、正直とか、愛とか、勇気といった価値を考えてみると、(……)それらが自由という価値とは同列に位置づけられない(……)他のもろもろの価値は、自由であるということからそれぞれの価値を引き出している」のです(伊東博・伊東順子訳『ロロ・メイ著作集6 自由と運命』誠信書房)。錦二丁目長者町「まちづくりマスタープラン」は、楽しさと自由な発想を積極果敢に追求しました。楽しさは、それにかかわる人々に「今日は楽しかったネ。またやろうネ。」の喜びと持続の声をもたらします。

楽しさ・喜びは、幸せとは違う、とロロ・メイは述べています。「しあわせというものは、今わかっているところでは、副交感神経系に媒介されるもので、それは食べることとか、満足とか、休息とか、落ち着いた気持といったものと関係があるのです。しかし、(楽しさ)喜びは、その反対の系統、つまり交感神経系によって媒介されるもので、それは食欲を増進したりするのではなく、探究すること(exploration)を刺激するものなのです。」(同前)

楽しさ・喜びは、人々の内なるエネルギーを噴出させ、まちの生き方の方向感の分かちあい、相互敬愛と感動へと導き、「みえない未来をみえるようにする」。それは未来に向かうものなのです。衰退きわまりない錦二丁目長者町地区でのアクション・オリエンテッド・プランニングは、楽しい活動で未来のあり方を探求し、まちが蘇生し伸び広がる方向を示そうとしたのです。

撮影・怡土鉄夫

滝さんだけではありません。このマスタープランが出来上がったあと(二〇一一～一二年)、地域の人々はまちのヴィジョン実現に向けた自主プロジェクトをいくつも立ち上げ、動き始めました。車主体の道路の歩道拡張を主とした「公共空間デザイン」、繊維業の生き延びと非繊維系の新産業を両方目指す「産業振興」、太陽光活用による市民発電所を目指す「自然エネルギーづくり」、老若男女が集まり住みあう「長者町家」、山側の地域と連携しつつ建築内外に木をふんだんに活用する「都市の木質化」、まちの隙間に現代アートを埋め込む「アートとまち」等々、バラエティに富んだプロジェクトが同時多発的に進行し始めました。コインパーキングになった空間は、ゑびす祭りの時にはまちに山車を繰り出す、人々の笑いと元気の湧き出す生き生きした場所に変容していきます（写真）。

自由・楽しさ・喜びは、未来を探求する人間の精神を拡大し、まちの未来を「みえるように」し、いくつもの物語りを育みます。客観的に困難な状況を、まず主観的・主体的に変えていく力を育むのは、自由な発想と楽しい体験。物語り的まち再生のエネルギーの源泉です。

7　笑い

K市は近年まで、市民参加のまちづくり・まち育て[25]にはきわめて消極的な大都市でした。しかし職員研修で参加[12]の理念とスキルのトレーニングを重ねるうち、市民との対話と協働の実践に踏み込むチャンスがめぐってきました。ある地区の公衆トイレ建替えにおける市民参加です。

はじめての住民説明会、会場の畳の間には、多くの地域住民が待ち受けます。役所の設計担当者から借りたT型定規と途中で買い求めた杓子を携え、会場に現れた担当者。彼は「今までこれを説明会の時は使っていましたが今日からは捨てます！」と宣言して、「杓子定規」を頭上にかざすや、畳のうえに放り投げて「私たちは杓子定規を捨てました」と発言。座の住民たちの笑いがドッと炸裂、彼はさらに四コマ漫画を紙芝居にしたてたものを使って事業の趣旨の説明を始めました。笑いのなか、行政の住民説明会にありがちな固く冷たい雰囲気は氷解し、やわらいだ雰囲気になっていきました。

こうして始まった公衆トイレ建替えのデザイン・ワークショップ[22]は、住民のノリのよさを引き出し、毎回創意工夫が凝らされたプログラムで、目覚しい進展をみせました。この嵐山公衆トイレ（というと都市名も分かってしまいますね）の設計ワークショップの成功後、京都市では多様なテーマ・地区で市民参加が進みました。それらに共通する方法は、呼びかけの「つかみ」にコントや漫才などのユーモアを織り交ぜること。既往の行政システムの固さへの根本的な自己批判を溶け込ませたユーモアに触れて、住民も心を開き始めます。ワークショップのどの回も、遊び心のあるコミュニケーションの実践となり、関わる人々の内に絶えず「何を目指すのか」「何のための参加か」を問いかけ、その意味を膨らませ増殖させる場になるのです。

課題に向かう初期の段階で、行政側の問題提起や自己批判を「アイロニー」（劇的皮肉）をもって提示[1]することで、住民の感覚の回路を開き、「やる気」を起こし、開かれた対話へつながる物語り性をもたせること。参加のデザインの現場は、一般的に言って無秩序で何が起きるかわ

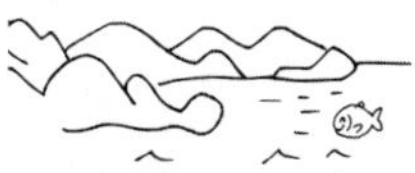

からないカオス系ですが、この「カオス系の対話」である「まち育て」の現場では、コトのはじまりのデザインがうまくいけば、トントンと運ぶことも多いのです。カオスやトラブルを自ずからエネルギーに変える発想を、現代思想の言葉では「自己組織性」ともいいます。その分野では、この「はじまりにおける意識的なコトのデザイン」を「初期値への鋭敏な依存性」(sensitive dependence on initial conditions)といいます。

住民たちの心が開かれ、能動的な対話へと向かうには、ユーモアやアイロニーという、人々の楽しい心を作動させる物語り、すなわち、行政・専門家と住民の初期値(出会いのデザイン)が重要なのです。上から下への型通りの説明ではなく、型破りに、住民の内側に「突然の輝かしい熱情」(ホッブズ)、すなわち笑いを引き起こすナラティブ・スキル(話術)が必要です。創造は笑いとともにはじまり、歓喜によって成就します。笑いと創造が、それぞれが内に閉じていた自己を外へと開きます。

京都市の公衆トイレ建替えワークショップでは、担当者が現れる前は、これまでの経緯の行政への不信から、住民は文句を言わんと手ぐすね引いて待っていました。しかし、意表をつく笑いにみちたプレゼンテーションが、住民の反感を即座に共感[16]に変えました。反感は共感のはじまり、となる柔らかな仕掛け。そこには、ユーモアという心のゆとり・遊び心が介在しているのです。

8　祭り

「いろんな人の顔と力が赤い糸にとおされ、赤岡ののれんの顔になっているんだといつも考えております。それは、とてつもなくでっかいどこにもないのれんです。」これは、赤岡の住民からのお礼状の言葉です。赤岡は、高知市から東へ約二〇キロの海辺の町でした。二〇〇五年には全国で面積最少の町でしたが、〇六年三月に町村合併で香南《こうなん》市として再編されました。赤岡の地名は、空と海が出会う水平線から船がこの町に近づいてくる時、赤い地肌をみせるやさしい丘のようにみえることに由来し、江戸時代初期から商都としてにぎわったところです。

その旧赤岡町の中心商店街・横町では、一九九五年から「冬の夏まつり」が行われています。九八年に筆者が訪れた際には、道の上のコタツ（写真）で、子どもたちは終日、食べたり、読んだり、しゃべったりと楽しくすごしました。道の上のチャブダイでは、親子が「インド人のつくったカレー」を食べており、そこには（『巨人の星』の）「星一徹の間」と記されています。車椅子の高齢者は、この土地独特の「ドロメ汁」（美しい小魚のすまし汁）をしゃきっとしたみつば

撮影・畠中洋行

とともに味わっています。
道行く人々にすいとんを配る着物姿の横矢のおばあちゃん、タスキには「大日本国防婦人会」。「二日前に徹夜でつくった」防空頭巾をかぶるその姿には、これまでの濃密な人生とこれからも夢をもって生きるハリが張っています。学生帽をかぶった年配の男性がアコーディオンでなつかしのメロディを奏で、おばあちゃんと歩き始めます。路上の子どもたちは、はじめ固かった表情を、音楽を耳にして柔らかに和ませていき、それを見るおじさんも嬉しそうです。留学生が「何てスバラシイ曲、教えて下さい」というと、たちまち紙キレに五線譜と音符とローマ字の歌詞をしたためた彼。それを彼女に手渡すと路上に「荒城の月」がデュエットで流れます。

「女の涙ふき」「バナナのたたき売り」「ワラジ作りの名人」、似顔絵師、はんこ師、ホウチョウ研ぎ師等々の手ワザに見入る人々。突如はじまる防災訓練。バケツリレーのパフォーマンスに巻き込まれた人々は、見事に役割を演じきっています——常識破りの偶発性にみちた「冬の夏まつり」は、決して商店街の売り上げアップ企画ではないのです。

　この町には、一九七七年から始まった「絵金まつり」があります。絵金とは、江戸時代、歌舞伎の芝居絵を大屏風に泥絵の具で描いた絵師、金蔵。毎年七月半ばの須留田八幡宮の夏まつりのあとの土日の二晩、絵金の作品二十数点を軒先に展示し、ろうそくの灯で鑑賞するのです。

　徳島からきた若いデザイン学生の、「面白いあったかい人々と何かやりたい」というつぶやきをきっかけに、誰もが自由に参加でき、若者も呼びこめるよう創意工夫のこらされたオリジナルな祭りにしようと、「冬の夏まつり」構想が浮上しました。モノを売るためのイベントではなく、ヒトとヒトをつなぎ創造性をふくらませる祭りの企画・準備に、「死にそうになるぐらいにグダグダに」なりつつ、町の人々はかかわります。

　赤岡のまちづくりにはずみをつけたのは、一九九六年から始まった「まちづくりワークショップ」。住民に慕われる町役場企画振興課の小松謙介さんは、高知県に出向していたとき、ワークショップ[22]の達人、畠中洋行さん・智子さんに出会い、人と人との応答を紡ぎだす、決してマニュアル通りでないその魔術に惚れ込みました。町に帰るや、この高知が誇るファシリテーター[23]二人に呼びかけ、デザイナーの梅原真さん(旧大方町、現黒潮町の砂浜美術館のコンセプト立案者)も加え、地元住民主体で「赤岡バージョンアップ作戦」を二年間行ないました。まちのタ

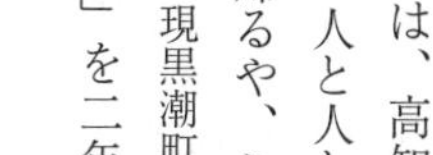

カラ探しと、それらを丁寧に育む「ものさし」を討論の中で明るみに引き出し、「古い建物や路地がこんなに素晴らしいタカラものとは思っていなかった」「知らないことが一番こわい、知っていたら取り崩さずにすんだ家が何軒もあった……」と、人々の気づきを促しました。

一九九八年五月、隣町の夜須町での「わくわくまちづくり全国交流会」では、赤岡のとりくみが評価され、住民たちは、赤岡ならではのまちづくりの方向性を確信。七月には、赤瀬川原平さん、藤森照信さんらの「赤岡探偵団」の活動と交流、八月には筆者もかかわった「HOPE計画策定委員会」がスタート。「町ぐるみ博物館」をめざす住民たちは、県職員・後藤孝一さんの調査図面をもとに町家の特質を知り、ムリヤリの復元ではなく「ふぞろいの美しさ」を磨く、という発想に赴くのです。

そのほかにも注目すべきは、「土佐絵金歌舞伎伝承会」。一九九三年、横矢のおばあちゃんと孫嫁の佐代さんが「やりたい」と、のろしをあげました。町役場職員も含めて多数の住民が、年一回の歌舞伎上演を企てたのです。その活動の中、かつての芝居小屋「弁天座」をソフト・ハード両面で再建設する夢が浮上、二〇〇七年にはついに復活させています。

四月二九日にはドロメまつり、七月は絵金まつり、八月は解放まつり、一一月下旬に冬の夏まつり、そして毎月のちょこっと市。なんと祭りの多いまちなのでしょう。

人間の創造性と、現場に湧き起こるエネルギーとで、参加する人々[12]に生きる力をさずけてくれるのが祭りです。赤岡の人々は、こうして、人と人のつながりの中に、まちの生命のありかを見出しています。二〇一三年一一月三〇日、一二月一日、「冬の夏まつり」は一九回目を迎えます。約二〇年のまちの生命の育みの持続が、どのような新しい一瞬を到来させるでしょうか。

9　耳を澄ます

コミュニティデザイン、まち育て[25]の対話の現場で小生がファシリテーター[23]として常に目指したいことは、そこに身をおく住民も行政も専門家も、対立ぶくみの複雑な応答の過程を通して、あるひらめきの瞬間を共につかみとり、新しい気づきと方向感をわかちあう状況づくりです。それができない時の方が多いのが現実ですが……。しかし、多様な人々の発話・意見の間に見え隠れするキーワードの発見の時を、ひたすら「待つ」ことが大切なのです。在来の用語や手あかのつきすぎたキーワードであたりさわりなくまとめるのではなく、未だ言葉にはならない新しい方向感やセンスの芽生えを発見し、その新しい表現のカタチを時には大胆に、時には慎

重に提起したいと願いつつ、ワークショップ[22]やパネルディスカッションの場に身をおいています。

未だ言葉にならない何かの表現という点では音楽表現が示唆的です。コミュニティを育む活動も続けるピアニスト、河野典子さんからの書簡に、あるとき次のような文章がありました。

「このお手紙をアルフレッド・コルトーが一九三三〜三四年に録音した「ショパン前奏曲集」を聞きながら書いています。(中略)使われているピアノの具合がこの演奏では大きな役割を果たしていると感じます。ここではピアノの作り手、調律師、演奏者のあいだに言葉ではない対話が深い次元で存在し、しかもその手前にはフランスの音楽を愛するたくさんの人々の思い、歴史、風土、香りといったようなものがさりげなく、けれどしっかり汲みとられているように感じます。(中略)ここにある音は、現在日本や欧米の多くのホールやピアニストのCDで聞かれるような音——大ホールでフォルテがたくましく鳴り、均質な音色ですばやい指の動きに応えるのを得意とする精巧なメカのようなピアノ——とは種類が異質に感じます。

仮に他の誰が弾いてもその息使いや思いを細やかに聴き取り受け止め、弾き手に返し、語りかけ、対話の心を生み、自然の世界の扉へと導こうとする、もうひとつのピアノ。演奏の上手さを誇示するのではなく、優しさとは何か、ゆたかさとは何かを示そうとするピアノ。コルトーはここで、そのことの仲介者として存在しようとしているように感じます。
こうしたピアノは独特な繊細なタッチを奏者に要求するため、けっして弾きやすいピアノではありません。ですが今静かに「もうひとつのピアノ」を好む人がほんの少しずつ増えていると聞きます。私もまたこのイメージゆたかな原点からふたたび歩みはじめたいと考えます。」

コルトーのピアノの音色は、物語り的[1]なコミュニティデザインの現場に必要な何かと共通するのではないかと思います。まちづくりの過程における幻燈会[4]・絵本[3]・頭韻要約法[24]などの多様な表現の共有体験は、分析的知性や論理的思考が到達できない「やさしさ」「温かさ」をもたらし、想像力[2]や愛や不思議さとで結ばれる相互敬愛の関係をもたらします。アリバイ的なワークショップで「住民参加」を語る傾向が否めないまちづくりの現場ですが、参加する人々の心を温め、新しい方向感と秩序感をわかちあう場づくりを目指していきたいものです。

筆者も、キース・ジャレットがグルジェフの「祈り」を静かに演奏する曲に耳を傾けながら、この文章をしたためました。

II　つぶやきをかたちに

樂働育笑
咲協共可
喜發話變
歡私對軋

10 私発協働

ごみごみしたまち中の長屋に住んでいたプラムおじさんは、いつか郊外の一戸建に住みたいと思っていましたが、一念発起してきたない裏庭を花畑に変え、近隣の人々も巻き込んで「プラムおじさんの楽園」と呼ぶみんなの庭をつくるに至ります(Elisa Trimby, *Mr. Plum's Pradise*, Faber & Faber, 1974)。

この花と緑のひと育ち・まち育て[25]物語り[1]には、次のようないくつものコミュニティビタミン[42]が調合されています。

第一に「つぶやき[11]」。ひとりひとりの人間に宿る魂の深みから出てくる生命の力が、物語りの発端に息づいています。プラムおじさんは、はじまりにおいて、「きたないまち中の長屋にいても、大好きなひまわりを咲かせることが出来る」という心わくわくするアイディアを口の端にのぼらせ、発意し行動に出ようとしたのです。自由なつぶやきの発信は、人間ひとりひとりが自己とまわりを変えていく始めの一歩のエネルギーです。

第二に、つぶやきからはじまる「私発協働」。きたならしい裏庭の固い土を掘りかえし、柔かい土に仕立てつつ種をまき花を育てるプラムおじさんの一連の行為は、土に向かって労働と注意を注ぐことになります。プラムおじさんは花や果実を地域のコモンスペース（みんなの居場所）である教会にささげ、自らの成果をまわりの人々と分かちあいます。このように土を耕し花を育てることは、汗を流して働き、美しいものに意《こころ》を注ぎ、成果を分かちあうことで、人と場所との対話を紡ぎます。場所を耕す（cultivate）ことは、当事者のみならず、労働・注意・分有を通してまわりの人々を巻き込み、「私もやってみよう」という気を耕します。そこにはひとりから始まり、まわりの人々が共に力を発揮しあう「私発協働」が作動しています。

ilfred Plum lived in a dingy street. The houses had no
ardens, only dirty back yards, and he often wished that he
ould live in the country instead. But one day he had a
onderful idea! He would make a beautiful garden in his
ack yard.

自ら住む地域で場所との対話を始めると、人は自然のつながり、人とのつながり等、コミュニティのさまざまな価値を再発見します。「プラムおじさんの楽園」は近隣住民からさらに市民みんなのものになることによって、市民の共通価値としての文化（culture）を耕すことになるのです。わたく

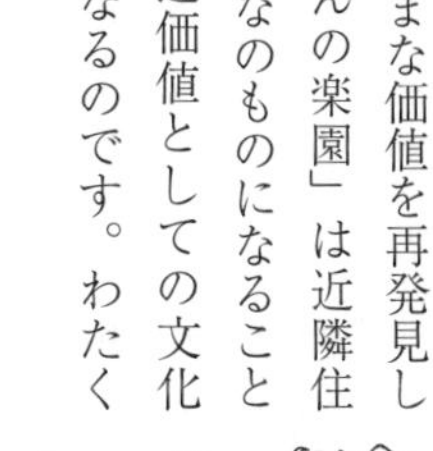
WEL
COME!

しから始まりまわりをゆるやかに引きつけ、やがて公共の幸福に導く「私発協働」は、住民ひとりひとりの生き方と地域の生き方をともに開くワザです。

第三に、「心の壁をなくそう」という呼びかけ。私発協働の一連の動きの中で、プラムおじさんに対して、隣人のポッツおじさんがある日つぶやきます。「あんたエエことするナ、ぼくもいっしょにやりたい。そやけどお互いの間を隔てているレンガの塀を取りのぞいた方が、もっとエエことできるんちゃうか?」このつぶやきには、物理的バリアーだけでなく、人と人の間を分け隔てる心のバリアーを取り除こうという意志が込められています。住民間にも、住民・行政・専門家の間にも、メンタル・バリアーフリーを広げようという視点です。

第四に「心の寸法」。絵本の冒頭で猫の額のような長屋の裏庭が、最後は見事な広がりのある庭園になる――寸法がおかしいのではと思う人もいるかも知れません。でも、作者はこう呼びかけているのです。住民が自らの住環境をよりよく守り育む時、空間的には狭くても、心にはのびやかな美しい場所として映る、技術的寸法も大事だけれど心の寸法を大切にしようよ、と。

第五に、市民による社会づくりの志。現代社会には「モノ・カネ・セイド」に偏った「技術管理社会」、市町村合併や行政の大規模化による風通しのよくない組織的に硬直化した「制度管理社会」がひろまっています。住民が生きにくく、コミュニティの存在価値を台無しにするような状況があとをたたないのはそのためです。しかし、住民自らが場所の文化を育む時、多様な自然と景観にふれあう共感[16]の世界が広がります。共感は、モノにとらわれがちな私たちを「心の習慣」から解き放ち、美や親密さといった価値や意味に触れさせます。

『プラムおじさんの楽園』の物語りは、ひもとく人を「こんな生き方をしたいな」という想いにひたらせ、ひとりひとりの生活と仕事に新しい方向感・センスを授けてくれます。

11　つぶやく

もっと強く　　茨木のり子

もっと強く願っていいのだ
わたしたちは明石の鯛がたべたいと

もっと強く願っていいのだ
わたしたちは幾種類ものジャムが

いつも食卓にあるようにと
もっと強く願っていいのだ
わたしたちは朝日の射すあかるい台所が
ほしいと

すりきれた靴はあっさりとすて
キュッと鳴る新しい靴の感触を
もっとしばしば味わいたいと

秋　旅に出たひとがあれば
ウィンクで送ってやればいいのだ

なぜだろう
萎縮することが生活なのだと
おもいこんでしまった村と町

家々のひさしは上目づかいのまぶた

おーい　小さな時計屋さん
猫背をのばし　あなたは叫んでいいのだ
今年もついに土用の鰻と会わなかったと

おーい　小さな釣道具屋さん
あなたは叫んでいいのだ
俺はまだ伊勢の海もみていないと

女がほしければ奪うのもいいのだ
男がほしければ奪うのもいいのだ

ああ　わたしたちが
もっともっと貪婪にならないかぎり
なにごとも始まりはしないのだ

（『茨木のり子集　言の葉　1』ちくま文庫）

衣食住、生きることとの基本的な要求の鮮烈なつぶやき。「明石の鯛」「土用の鰻」を食べたいという率直な「粒焼」(吉増剛造)を自分の中から紡ぎ出すように、自分のまちへの想いのつぶやきを発しうる場をおのずからもてるなら、人とまちは再生への始めの一歩に歩み入るでしょう。

名古屋の都心にある長者町(→楽しさ)[6]は、東京の日本橋横山町、大阪の船場《せんば》丼池《どぶいけ》筋と並ぶ日本の三大繊維街。このまちで、繊維業の構造的不振とまちの衰退に抗いつつ、まちの再生に向かう関係者たちが自由につぶやき合える場が育ちつつあります。それまで無関心だった、でも心の中に不満をうっせきさせていたある経営者は、ある日の会合でこうつぶやきました。「経済再生のためには文化と生活振興を。文化のまちにするために、三河錦・鳴海絞・一宮織物等業界の協調による織物文化ミュージアムをつくろう。健康と安全のまちにするために緑をふやし、自然エネルギーを活用して、まちぐるみ電力基盤を変えよう。」このようなつぶやきが響きあい、共感[16]のボルテージがあるところまで高まると、具体的計画と事業の構想の議論に移っていきます。

すべての人々に我がまちをよくせんとする豊かな知的潜在力があります。人のまちへのかかわりの想いは、ひとりひとりの内部に沈黙しています。人がそれを言語化したい、つぶやきたいと思えるようになると、状況を変える始まりが始まるのです。つぶやきは、閉塞的状況を抜け出す突破口、始まりです。それは、最初から目標・実現コースがみえる直線のプログラムではなく、むしろバラバラな、あるいは先行きが見えない非直線の、柔かい物語りの端緒なのです。

つぶやきといえば、ツイッターが大はやり。電子情報による間接的つぶやきは、瞬時に今ここにいて日本・世界中の多様な人々の独言・名言・至言に出会えます。直接的であれ間接的であれ、つぶやきは世界の泡立つ混沌に、言葉による方向づけや秩序づけをもたらしてくれます。つぶやく「私」は、混沌の状況を越えてつねに「みずから」を未完の物語りの中に連れ出します。

「みずから」の「み」は「身」です。ただ「身」と言えば、当然「心」があります。「私」は、この「身」と「心」から成っています。我々は「みずから」つぶやき、考え、迷い、志し、願い、祈り、笑い、悲しんだりするのです（竹内整一・金泰昌編『「おのずから」と「みずから」のあわい』東京大学出版会）。みずからつぶやくことを通して、「私」から始まるまち再生に赴くことになります。「つぶやき」への応答は「対話」となり、「対話」から共通する言動・行動を分かちあう「協働」に結びついていきます。

かつて「公共」は、お上が施策をほどこす行政概念でしたが、みずからのつぶやきから対話へ、そして協働への流れは、新しい公共です。市民が自分たちのまちは自分たちで守り育むと

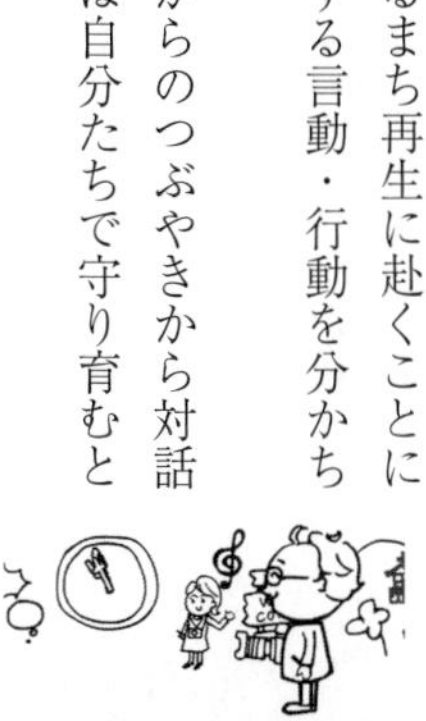

いう活動概念としての新しい公共には、「公共する」という動詞形がふさわしい。

筆者はこの項の冒頭で「つぶやきを発しうる場を「おのずから」もてるなら」と記しました。そうです。「みずから」という私発のつぶやきが発せられるには、「おのずから」というおのれを越える働きを介さなければなりません。即ち、その場の自然的な生命力として「おのずから」の雰囲気が醸成される時、ひとりひとりが「みずから」つぶやける状況が生まれるのです。「つぶやき」は個体「みずから」を介して全体の「おのずから」にゆるやかにつなぎ、「公共する」という動詞として、実践活動のありかたとして体験・体感・体認するところに注目するのです(前掲書)。「おのずから」「みずから」つぶやきが始まる時、人もまちもよりよく生きる旅に赴くのです。

「わたしたちが／もっともっと貪婪にならないかぎり／なにごとも始りはしない」のです。

12　参加する

「うなぎ」にしか本音を語らないなえた生から、他者に能動的にかかわっていく創造的な生へ。その対比的移行が映画『うなぎ』(監督・今村昌平、一九九七年。カンヌ国際映画祭グランプリ受賞作品）に活写されています。物語りは——。

一介のサラリーマン山下拓郎（役所広司）は、浮気した妻を逆上して刺殺、八年間の服役を終えたのち、利根川のほとり、千葉県の佐原——「サハラ砂漠って言うくらい」周りには人家もないところ——に理髪店を営むことになります。住職の保護観察の下、まわりとは最小限のかかわりでいようという自戒の生を示すかのようです。

一方で、川は人の生が過去から未来へと流れ来て、流れ去ることを示しているようです。緑と花で縁どられた川の美しさは眼を見張らせるものがありますが、その景色は、主人公の暗い自己抑制的生が、やがて明るい自己開放的な生に流れ動いていくことを暗示しているかのようです。まわりへの無関心と自戒のなかのある日、あやめ満開のクリーク（小運河）にうなぎの餌をとりにいった山下は、自殺未遂の女性・服部桂子（清水美砂）を見つけます。「仮出所中の行動にはくれぐれも注意」しなければならぬ身、山下はひとりではかかわらずに、知り合いとなっていた造船屋・高田重吉らとともに彼女を助けます。過去を断ちきりたい桂子は、東京へ帰らずに山下の理髪店で働きたいと望み、仕方なく受け入れた山下……。

現代の人々は、荒れくるう社会に身がすくみ、まわり・地域に無関心になりつつあります。生活利便設備・テクノロジーがはりめぐらされている生活空間では、昔の「井戸端会議」のようなやむをえない共同から生まれるまわりへのかかわりは必要ありません。生から死に至るま

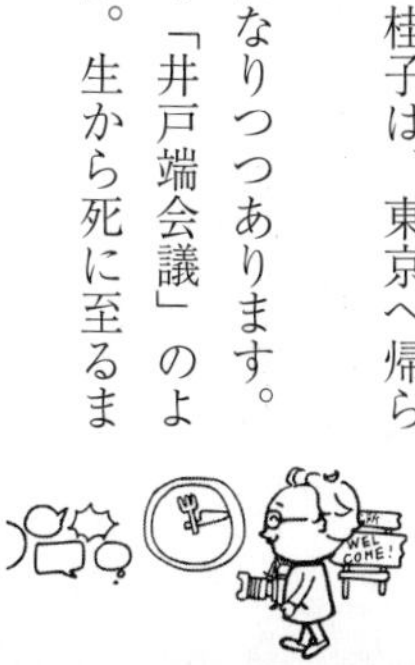

で、教育から余暇に至るまで、公共的・産業的サービスに依存し、まわりの人々と共に苦楽を分かつこともありません。

しかし、いかに現代人がまわりと無縁で無関心であろうとも、都市という「人間同士の交わりの様式が人間を規定する」(ルイス・マンフォード著、月森左知訳『ユートピアの思想史的省察』新評論、二八頁)地域空間にあっては、思いがけない出来事が発生します。

ある動機にもとづく出来事に出会い、それが引き金となって次から次へと連鎖的に多様な体験の中に身を置くうち、閉じていた心がやがて開いていきます。出来事多発の状況に巻き込まれていくと、身体を使って行為する人間と、それを見る相手、そこに立ち会う者との相互作用、身体的相互行為が成立します。

身体的相互行為で、まわりにかかわる経験がふくらむうちに、対象への好意が芽生え、ひとたび愛の自覚が生まれると、状況に巻き込まれていた受動的参加は、状況を自ら開こうとする能動的な参加にシフトします。

まわりへのかかわりの積極的態度は、状況を変える勇気を内から立ち上げていきます。「勇気とは現実への愛である。」現実と向き合い、人々とエネルギーをやりとりしていく中で、人は自分の生命を再創造します。なぜならば「生命はエネルギーの交換である諸関係の綱によって構成されている」(ガブリエッラ・フィオーリ著、福井美津子訳『シモーヌ・ヴェイユ――ひかりを手にいれた女性』平凡社、一六五頁)からです。

まわりとのエネルギーの交換によってもたらされる生命感の高揚と対象への一層の愛着は、混乱や困難を回避することなく、敢然と立ち向かわしめます。湧き出してくる生命の発露として、トラブルをエネルギーにする行為が展開されるのです。状況がはらむ一切のトラブルを引き受けることは、責任意識を伴った参加のレベルに到達したことを意味します。

映画『うなぎ』に触発されて考察したこのプロセスを、生活者のまわりへのかかわり、住民のまちづくりへの参加意識の変化・発達として、改めてまとめてみましょう。最初は「無関心」から始まり、出来事的推移の中に受動的に「巻きこまれ」、多様な経験ののち対象への愛の自覚と「参加」に至り、トラブルをひきうけ乗りこえていく「責任ある参加」に赴く――。「無関心」(Unawareness)、「巻きこみ」(Involvement)、「参加」(Participation)、「責任ある参加」(Commitment)のＵＩＰＣは、現代の住民参加における意識発展のキーワードなのです。

このＵＩＰＣは、住民の地域へのかかわりの大切さを認識する「意識発展の系」とともに、もうひとつの系も意味しています。即ち、現代の地域社会においては、個人は状況に応じてＵＩＰＣの何れをも自由に選択できるという、かかわり方の「選択自由の系」です。参加のまちづくりで常にＰ(能動的参加)やＣ(責任ある参加)を強いられるならば、決して長続きしません。時に応じて、「無関心」から「責任ある参加」を自在に往還できる、ゆるやかなそして霊妙な

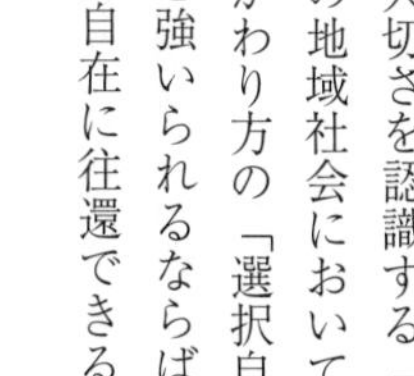

人間関係――UIPCが人々のまわりへのかかわりの諸相の「意識発展系」と「選択自由系」との両義性をはらむなら、UIPCは「友愛」に満ちた"Peaceful Community"を意味しうるでしょう。

13 タンケン・ハッケン・ホットケン

まち再生のはじめの一歩は、地域のタカラのタンケン・ハッケン・ホットケン。

この言葉は、学校教育の現場、滋賀県東近江市蒲生東小学校の子どもと井阪尚司先生のやりとりから生まれました。総合的な学習の取組としての地域の「みぞっ子」といわれる排水路のフィールドワークを、「タンケン・ハッケン・ホットケン」と呼んだのです。そこでは、身近な環境の「タンケン」を通じて「感じとる」体験、五感をフル動員しながら不思議さを「ハッケン」し感動する、体験が発する感動を逃がさずに「ホットケン」と表現し発表しほめあい、さらなる次の行動に移っていく。これは対象の特性を数量的・科学的に把握するだけではない「生活知[18]」「実践知[19]」の世界につながっています。生活知・実践知を育むタンケン・ハッケン・ホットケンはまち再生の現場ではどのように活用されるのでしょうか。

例えば、長野市（人口三九万人）の社会福祉協議会ボランティアセンターは、タンケン・ハッケン・ホットケン方式で、地域に「まちの縁側」[14]を五〇〇〇カ所広げようとしています。もともと長野地域は、朝一〇時には地域の人々が集まってお茶を飲み歓談をし、午後三時には季節の漬物をもちより話に花を咲かせる、人と人のつながりの文化が根づいていました。ここ数十年間、急速に地域の人間関係が冷たくなってきたが、探せば「まちの縁側」というヒト・モノ・コトのゆるやかなつながりがあるのではないか。そこで、まちの縁側タンケン・ハッケン・ホットケンの旅に赴くことになったのです（二〇〇六年〜）。

毎年数回、長野市内各地区でまちの縁側大楽《だいがく》を開催しています。各講座での幻燈会[4]、まちタンケン、ワークショップ[22]を通して多様なまちの縁側が発見されたり、新しく生まれたりしています。自宅の門口を開いて病院帰り・買物帰りの人々のお休み処（写真）にする。農家の土間を開放し茶のみ場やギャラリーにする。「いっぷくベンチ」や「まちの縁側看板」を目印に、高校生がお年寄りの居場所（デイサービス）を訪れたり、自分の庭をオープンガーデンに変えたり、高齢者が笑顔とマイカップをもって集まる「笑楽校」という企画等々、実に温かい、多彩な

居場所が育まれています。目標五〇〇〇カ所が、約二〇〇〇カ所の成果をもたらし、今後も持続的な地域運動にせんとしています。

タンケン・ハッケン・ホットケンは、言い換えるなら「游歩《ゆうほ》謀讃《ぼうさん》」です。その意味は、

①游歩は、魚が水中を自由に回游するように、遊び心をもって地域を歩きタカラの発見と感動体験を分かちあうこと。自己と他者、風の人(よそ者)と土の人(地域住民)が共に楽しみ、地域を熟知する関係者の話に耳を傾け応答するうち、常識や一面的な価値に偏るのではなく、両義的で弱々しい、いまだぼんやりとした多様な潜在価値の発見をもたらします。それは、荒削りでも、これまでにない価値や意味を地域の文脈の中に発見する発想をもたらします。

②「謀」とは、未来への状況づくりをたくらむこと。「游歩」的フィールドワークが見出す「弱い思考」や「柔らかい発想」は、まち・地域をめぐる状況を内側から変える生れたてのエネルギーに転化しうる可能性を秘めています。大切なことは、その発想を通常のワークショップの言語表現だけでなく、写真や絵画、俳句や短歌等による多様な表現で共有することです。游歩謀讃は、フィールドワークとワークショップの、行動・発想・表現を分かちあう「フィールドワークショップ」です(桑子敏雄編著『日本文化の空間学』東信堂)。

フィールドワークショップは、話し合いの場を決して形式的な討論やステレオタイプ化されたプログラムの中に閉じさせません。それは、共に巡り語り合い表現し合うことを通して地域

の状況を方向づけ、活動・実践を謀《たくら》む喜びを分かちあう場をもたらします。「謀」は、決して悪事謀略ではなく、地域の潜在価値を発見・継承し、問いかけ、思考・活動する趣きを「謀《たくら》む」ことにつながります。

③さらに「讃」は、お互いに讃嘆しつつ喜びを分かちあうことです。游歩的にフィールドワークし、多様な参加者が自由に話し合う中で、地域の未来の「謀《たくら》み」が分かちあわれる。居合わせた人々は地域の価値や意味を新しい状況の下で束ねる「共有可能な世界」の「趣き」を共有し、相互に承認しかつ「讃」えあう関係が生成する。「讃」えあうとともに、地域の実践活動に赴く志を人々の中にわきあがらせ、持続の力がわいていきます。

「タンケン・ハッケン・ホットケン／游歩謀讃」は、空間体験・議論・表現の過程をともにすることを通して、人々の間に共感の世界をひろげていきます。共感[16]はどんなに短い時間であっても、人々を心の慣習・常識から解き放ち、新しい価値や意味に触れさせてくれます。その瞬間、人々の間にお互いをリスペクト[17]・尊敬する心がにじみはじめていくのです。

タンケン・ハッケン・ホットケン／游歩謀讃としてのフィールドワークショップは、前半は、地域住民と専門家が共に地域環境を探検し、発見し、対話する体験共有空間としてのフィールドワーク。後半は、その体験共有で触発されたアイディアを多様に表現しあい、ぶつかりあい

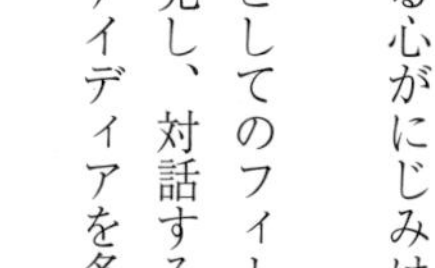

と相互浸透の、新しい状況の中で地域の価値を生かす、という実践知が立ちあらわれるワークショップ。

タンケン・ハッケン・ホットケン／游歩謀讃は、地域を新しい状況のもとに再編・生成させる「始まりにおける能力としての活動」（ハンナ・アーレント）を創発するのです。

14　まちの縁側

天草の海と陸が溶けあう、ある離島を訪ねた時のこと。小生の名刺を受け取った町役場の課長さんは、NPO「まちの縁側育くみ隊」の文字に眼をやりながら、けげんそうに「まちには、もう縁側がなくなったんでしょう?」と問われました。「そうです。ヒトとヒトの間がキレギレになっている今、地域社会に縁側をよびさます願いをもって「まちの縁側」を掲げています」と返しますと、課長さんは「この島の家々には今も縁側があり、私も仕事が終わると、ボーっと縁側に座り、道行く人あれば「お茶をどうぞ」「酒を飲もう」と呼びかけ、くったくのない話し合いと笑い声が、その場に響き始めます」と言いました。その言葉を裏書するかのように、島の年寄りたちが大木の影に身を寄せつつ、ひたすら静かに沖を眺めている風景に出会いました。日本の生活空間の原点を見る思いがしました。

近代社会は、機能優先の便利な生活と標準的な空間を全体に押し広げましたが、その「豊かさ」とは裏腹に、人間の重要な営みである多様なコミュニケーションの意味をかき消してしまいました。成長・開発主義の時代精神は「モノの豊かさ」志向でしたが、これに対し成熟社会に求められる時代精神は「ココロの豊かさ」志向です。そのためには、人々の信頼や相互尊重、共通理解を育む、眼に見えない関係性の価値としてのソーシャル・キャピタル、つまりコミュニティの関係性の資本（社会関係性資本）が不可欠です。

そうしたコミュニティの回復・再創造のキーワードが「まちの縁側」です。かつてさりげなく存在した、コミュニティの関係性づくりの地域資源、縁側。コミュニティ再生・再創造の仕掛けとして「まちの縁側」を育むことは、これからいっそう重要性を帯びてくるのです。「まちの縁側」には、コミュニティの関係性の資源として三つの側面があります。

まず「ヒト・モノ・コト」のつながりを紡ぐ資源であること。「まちの縁側」は、多機能混在の小規模な交流の場、小さなコミュニティです。「ここにいるとキモチがいい」「あそこにいくと、何かイイコトに出会えるかもしれない」という身体感覚からヒトが寄ってきます。地域の空き地・空き家・空き店舗・空き教室などを、安心できる居場所、そして、何かが起こる居場所にしていきます。

そして、そのつながりから生まれる感動の表現の場となります。多様な人々が出会い、交流し、お茶や食事を楽しみ、時には制作や表現の体験をわかちあいます。言葉で触発しあい、作品や表現を褒め、違いを認め、照らしあう活動を通して、生の実感を共にリスペクト[17] respect する(見つめあう)関係が紡ぎ出されます。「われわれは立ち、坐り、歩き、横たわる。われわれは空間と時間の中に生き、見、聞き、触れ、味わい、匂いを嗅ぎ、そしておたがいに、また第三者を、さまざまな状況を感じる。われわれは思い出し、考え、想像し、注意し(どれかの感覚で、あるいはすべての感覚で)、感じ、行い、話し、お互いに出会い、熟考し、驚き、疑い、信じたり信じなかったりし、愛したり憎んだりし、やりぬいたり諦めたりする。」(R・D・レイン著、塚本嘉壽・笠原嘉訳『生の事実』みすず書房、三頁)高齢者も子どもも、誰もが生きる力を内から育み、生きる意味を紡ぐのです。

そのことで、その場所[2]は状況をゆるやかに変える発想力やイメージを喚起する、メタファー・隠喩としての想像力をくみ上げる場となります。プログラム通りにはうまく作動する管理システムには、状況の変化や予想しえないトラブルで混乱におちいるデメリットがあります。縁側の発想、縁側のメタファーには、「みんな一緒」という価値の同一性に閉じることはありません。差異を相互に受け入れ、ヒト・モノ・コトのつながりや表現、交流の中で関係が育まれていくオープンエンドなプロセス――「まちの縁側」は、標準性や管理のシステムが捨象しがちな「ローカルでマイナーな異質性の営み」を大切にします。

こうした「まちの縁側」活動には、生活・福祉・環境・教育・文化・景観・住居・まちづくりといった様々な領域を横断する、「地縁」と「志縁」の結合が必要です。自治会・町内会など地域社会の在来組織のつながりである「地縁」は、生まれながらに所属すると考えられているコミュニティのつながりです。一方で「志縁」は、指揮命令系統によらない、私発協働の志のつながりです。「まちの縁側」は、次から次へ縁をつなぎ志を高めていく過程で、地縁を活かし、新しい志縁を重ね合わせることで成立します。

●高山市のデイサービス「りびんぐ」では、アルツハイマー病のおじいさんは、若い女性スタッフとの出会いから、トマトづくりの名人芸を思い出し、精神の生命としての記憶が呼びさまされる縁が起きました。

二〇世紀の制度疲労が目立つ中、二一世紀には相互支援社会の到来が待たれています。一方的関係ではない「相互支援」には、他者のエンパワーメント(能力を高めること)を通じて、自他の相互実現があります。市民・ＮＰＯ・専門家の間に、相互支援と敬愛の関係を広げる「まちの縁側」の可能性は、行政がいかにそれを評価・支援・援用していくのか、にもかかっているのです。

15 縁パワーメント

市民がつくる「みんなの場所」、「まちの縁側」[14]は、全国各地にひろがりをみせはじめています。名古屋のまちの縁側「ＧＯＧＯ《ゴウゴウ》！」(写真)には、幼い子どもからお年寄りまでの季節の歌が響きあう、おだやかな日常の生活風景があります。同じ名古屋の都心にある「まちの会所」では、地区外の若者＝風の人と地区内の長老＝土の人とが、まちの文化について談論風発の花を咲かせています。長野市のボランティアセンターと地域住民は、三九万都市に五〇〇〇カ所のまちの縁側を育む活動を織りなしています。

これら住民がつくる「みんなの場所」の共通点は、従来の公共施設のように上からの方針ではなく住民のつぶやきから始まり、「人ありき」の住民主導でコトが運ばれていること。赤ちゃんも高齢者も分け隔てなく多世代が交流する場を追求し、紋切り型でない笑いと楽しさにひたされた柔らかい場であること。空き家・空き店舗・旧公共施設・空地など眠っているまちのタカラを活用すること。そして、あらかじめ決められたプログラム通りでない偶然の美や感動を分かち合い、予見不可能性という付加価値を生み出すこと、です。

まちの縁側で「共生」の意味や価値を具体的に分かち合うことを通じて、かかわる住民が「自分たちのまちは自分たちで守り育もう」という自立共生のまちづくりを育む。これが、地域共生と自立協働という、まちの育みの「縁パワーメント」です。英語 empowerment に触発されつつ日本的状況に応用して展開したこの筆者の造語には、従来の定義も参照しつつ（高畠克子『コミュニティ・アプローチ』東京大学出版会）、次のような意味を込めています。

①ニーズを埋めてもらう受身の存在ではなく、周りと和をもってよりよく生きる（ウェルビーイング）権利の主体として、住民

を位置づける。

②欠けている何かより、吾(ひとりひとり)の得意技や術などコンピテンス(有能さ)に注目する。

③個人や組織(地縁・志縁)、さらにコミュニティが、自ら全体を見回し統べる。

④行政や専門家もコミュニティメンバーと話しあい社会変革を目指す協働者となる。

⑤空き家、ゆとり空間、公共施設などの環境(あるもの)を活用し、潜在するまちのリソース・地域資源を顕在化させる。

⑥コミュニティ活動につきものである対立と葛藤を、真に包括的な多様性の輪に導くよい兆候としてとらえ、対話に変える。

これらの六つの「わ」(和・吾・回・話・環・輪)が「縁側」をなす状況づくりが「縁パワーメント」と言えましょう。

いまひとつ大切なキーワードは「リスク」。「みんなの場所」が「縁パワーメント」につながる過程には、楽しさや笑いに隠されて危機・対立・葛藤・矛盾・トラブルがついてまわります。当事者の自己満足ではなく社会的効果と公共性を発揮するには、起りうる多様なトラブルを避けることなく、トラブル・フレンドリー(つらいことを楽しむ)に仲間とホンネトークを交わし、見えない未来を見据える、トラブルをエネルギーに変えるしなやかさが必要です。

でもトラブルがたまりすぎたなら、トラベルに出ましょう。ロンドン・パリではなく、自分の地域のタカラものさがし、人という最高のタカラに出会うトラベルへ。

16　共感

『モグラの丘』という絵本(Lois Ehlert, *Mole's Hill: A Woodland Tale*, Harcourt Inc., 1994)は、アメリカ・ウィスコンシンの森の中の物語り。モグラは毎晩穴を掘って土を丘のように積み上げます。キツネは、その丘が自分たちの獲物の魚をとりにいく道をふさぐことになるので、楓が真赤になる頃までに取り除くように強く命令します。

困ったモグラは、彼らの言いなりにはならずに、咄嗟にアイディア、キラリ！　穴を掘って自ら盛り上げた丘に花の種をまき、やがてそれは美しい見事な花を緑の丘に。秋がやってきました。キツネの手下のアライグマとスカンクは現場を見に行って驚きます。彼らは「親分、モグラのやつは丘を取り除くどころかとんでもない状態にしました。」とキツネに告げます。

そこでキツネは「先ずは現場をみなければわからない」といってモグラのつくった花と緑の丘に。自らの命令の中味とは全く違う状況になっている花と緑の丘を、キツネはぐるぐるとまわります。怒りの声をあげてモグラを糾弾するかと思いきや、キツネはモグラにこう切り出し

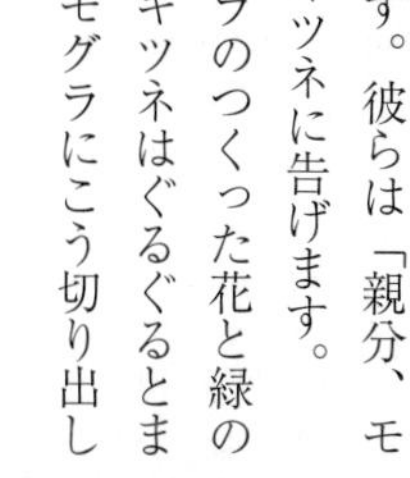

ます。「オレ、ずーっと考えてたんやけど……」といいつつ「君は穴をほれるんやろ?」と。すかさず、モグラは「できますとも!」と。ここで絵本[3]は閉じられます。キツネは当初は自らの欲望・決定を他者に強引に押しつけますが、そうならないのをみた途端、自らの方針を杓子定規に押し付け相手を徹底的に痛めつけるやり方ではなく、相手の立場にたってレフレクティブ[37]に反省する心をもって、思案します。モグラの花と緑の丘の美しさに共感するとともに、相手が得意とする穴をほる技を活かすことで、自らの要求も実現するという共生の関係を紡いだのです。

高等動物には、「他の個体への共感力の高さ」があり、「人類も、採集狩猟生活をしていたころ、生きているもの、動くものすべてに共感していた」といいます。それから数千年後の現代、農業も産業システムの中に組みこまれ、工業社会となりさらに情報社会となり、それと共に人間の「他の生命への共感力は乏しくなって」いきました(野田正彰『共感する力』みすず書房、九一一一頁)。

三・一一以降の地域復興の取りくみにおいて、地域と住民の生命力への共感をもって接することが、行政側・専門家側に強く求められています。行政側の上意下達的命令にそむく住民がいた時、行政は住民要望の背景にある生活・文化・風土への愛着や自然との共生の態度等のかけがえのない価値への尊重の態度をもって、虚心に生活世界の現実を見るという姿勢をもって地域住民への共感力を豊かにすることによって、対立から共生の関係を育むことが可能となります。まるで絵本の中のモグラに対してキツネが深い反省の心と共感力をもってのぞんだように。

キツネはモグラに呼びかける存在から応答する存在へ自己を変化させていることに注目したいと思います。自己を創造しているのです。モグラとキツネの出会い、住民と行政の出会い、多様な人と人の出会いにおいて、共感の力を生かせるかどうかは、「出会いとは、常に相互の自己創造の営みを支え合う関係にほかならない」（「子どもと大人の人間学」、作田啓一他編『人間学命題集』新曜社）ととらえられるかどうかだと思います。教育的とは、まさにそのような人間と人間との出会いの現象であり、学ぶ者と教える者が相互に高まりあう関係を紡ぐことでありたいものです。

住民と行政の間柄も、問題解決に向けてお互いに学びあう、お互い未熟な人間として自己創造的に向き合う関係でありたいものです。一方が他者に呼びかける、呼びかけに応答する、応答しあう関係の中で問題を真に解きほぐす責任を負うという、住民・行政間に真の協働の関係が成立していくのです。人間は他者に共感の心をもって接することが、自らを育むことにつながっていく——まちづくりは人づくりといわれる故由でもあります。

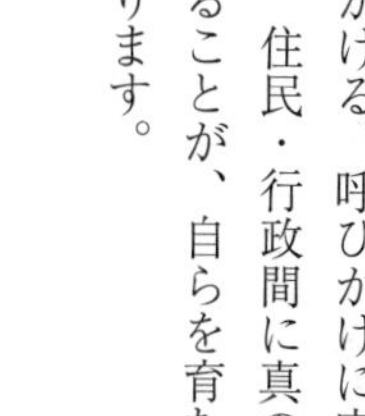

17　リスペクト

——えさを十分に与えられ、かわいがられ、それなりに敬意の払われている猫のいない家を、はたして完璧な家と呼べるだろうか。（マーク・トゥェイン「まぬけのウィルソン」）

住まうことにおけるエロス

ぼくは幼少時代、戦災で焼け出された後、大阪近郊の長屋に住んでいました。夜寝ると、天井裏にはネズミがよくカケッコをしていました。時にはそれを求めてアオダイショウ（蛇）があらわれました。夏の夜はカを避けて蚊帳の中でやすみました。虫の飛来をじーっと待つヤモリがベッタリ窓ガラスにくっついていました。朝起きると、大きなクモが室内で活動を始めます。庭先のナンテンの枝葉の間には、小さなクモがあわいネットをはりめぐらしています。クモたちはグロテスクな姿・色をしているのに何故か好感がもてました。食物にたかるハエの群から守られた食物はミズヤの中に納められていました。

早朝、ニワトリにやる餌のハコベをつみにいった時、ムラサキツユクサには陽光に照らされた朝ツユが宝石のように輝いていました。食糧難の中、時折の客の来訪時には、そのニワトリをつぶしてみんなで食べました。縁側に食べ残されたスイカのヘタには、黒いアリの行列が長く長く続いていました。夜のトバリがおりる頃、街灯の明かりに集まる小虫たちを食べに来るオニヤンマを、少年たちは両端に小石をつけた糸を放り投げてひっかけ、つかまえました。周りでは夕涼みする大人たちが縁台将棋をしていました。

住まいの内外にかくも豊かな小さな生きものたちの世界が息づいていたのに、ぼくは犬を飼いたがり、ある日スピッツと雑種の混じりあった子犬が家にやってきました。ペコと名づけた子犬の世話をするようになり犬好きの人生が始まりました。子ども時代の、犬のみならず上に挙げたような多様な存在と共に生きた具体的な経験が、生きることと住まうことに関するエロス（本能）とロゴス（理性）の結びつきのバランスを育んでくれたように思います。

住まうことが、利便性と合理性の技術的理性（ロゴス）へと強く傾斜したことが、二〇世紀後半のわが国の住宅問題をめぐる一大特徴でした。それは、戦災による四二〇万戸の絶対的住宅難から全体的に抜け出していく上で歴史的に不可避のことでした。けれども、相対的に住まいと環境の水準が漸進的に向上していく中で、生きる上で大切な周りの生命との共生がもたらす内なる慈しみのココロとしてのエロス（本能）の衰退が際立ってきました。

集合住宅ではカ・ハエ・クモ・ネズミなどの小生物はほぼ完璧に駆除され、近隣トラブル防

止のためにペット類の飼育が原則的に禁止されました。小さい生命との共生を排除したことは、人間のくらしに必要なエロスとロゴスの統合にとって、致命的な損失でした。

住まいの周りの環境との相互作用から生まれる慈しみ、いとおしみ、対象とのゆるやかな親密な一体性によって呼び覚まされる、生きる力、それが「エロス」です。それを日常の住生活でごく自然に高めてくれることに、ペットの基本的な役割があるのです。

参加する意識の育み

小学校五年生の時、ぼくは大阪の田園環境地帯(現在の羽曳野市)から大阪湾沿いの海辺(堺市)の一戸建てに引っ越しました。そこで飼った犬は全身黒毛、舌の先まで墨のブチが入っていて、名は自ずからクロでした。学校から帰って、原っぱでのカンケリやドッジボール、基地遊びの後は毎日クロを散歩に連れて行きました。大阪湾がまだコンビナートで埋め立てられる前で、浜辺には寄せては返す波と、波の引いたあとにつややかに光る貝などの小さい生き物たちがありました。はるか向こうの水平線には、お日様が赤々と輝きながら沈んでいき、クロとの海辺の散歩は、自ずと大切なことに気づかせてくれました。即ち、海は生命のユリカゴであり生態的存在であること。日々水平線の向こうを見やることで未だ見ぬ時を感じ、未来へのイメージを育んだのも海辺でした。クロと共に歩く経験を重ねるうち、知るという行為の大半は、「対象に浸透していくこと」だと、無意識の内に理解しました。マイケル・ポランニーのいう「暗黙知」です。

散歩、エサをやる、洗う、なでる、などのなかで「犬の毛はフサフサしている」「身体はあたたかく柔らかい」「暑い日は舌から汗がボタボタ落ちる」「エサを食べているときにチョッカイを出すと怒る」などの情報が取り込まれ、生命ある存在の「ヤワラカサ」と「コワサ」を知るのです。

クロは、ある日生命を閉じました。庭の隅のタイサンボクの木の根っこに、シャベルで穴を掘って埋めてやりました。土をクロのからだにかけるとき、涙がほおを伝い続けました。その深い悲しみは、後日のかけがえのない瞬間の到来につながります。即ち、クロの個体は消滅しても、クロと共に在った記憶が時を経てぼくの中に去来し、クロの霊魂がぼくの中に訪れ、住みはじめるのです。ポランニーが考えていたように、個人的ではない「客観的な」知などありえない、何かを知るとは、知る人を巻き込む形で意味が生起しているのです（モリス・バーマン著、柴田元幸訳『デカルトからベイトソンへ――世界の再魔術化』国文社）。

生活の中での出来事・プロセスに身を任せる、状況にコミットする、参加する――ぼくにとってクロとの日々は長じて、起りうる出来事と状況に参加する、身を乗りだしてかかわる姿勢を育んでくれました。ペットとの共生は、知識のツメコミでは得られない一種のなまめかしさをはらんだ知への気づきをもたらしてくれるのです。しかし現代の集住空間ではペット排除の

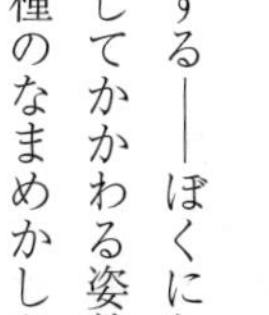

傾向は否めません。そのことがヒトと環境との切断を強め、人間らしさを細らせていきます。

癒しと思いやりの心

ぼくが初めて集合住宅に住んだのは昭和五〇年、京都の民間マンション（中・高層四三一戸）。桂川に面し、嵐山を借景した中層マンションの四階に住んでいたある日、バルコニーのへだて板の下から隣戸の子ネコがやってきました。最初はこわごわ、やがて近くへ。真っ白なペルシャ猫を、隣人はなぜか「クロ」と呼んでいました。犬しか飼ったことがなかったぼくには、猫は驚きでした。このとき、猫は犬と全く違う生き物だと知ったのでした。

猫は犬以上に遊び好きです。机上に原稿用紙をひろげて書き連ねていると、手先の動きに挑発され、紙の上で踊りだします。その仕草の自由自在さとおかしさには見ほれてしまいます。猫は犬以上に居心地のよい場所を知っています。川面を吹きわたる風は室内に及び、クーラーなしの部屋で、クロは風の道に身を横たえます。夜中に窓を開けて寝ていると月の光を浴びて窓台にじっと座っています。猫の生態は居心地よい居住空間づくりのヒントもさずけてくれました。

猫は犬とは異なる物語りを生む存在です。クロにとってぼくの家は居心地がよすぎたらしく、すっかり居ついてしまいましたが、ある日、隣人がへだて板の下に金網を張り、このバリアーをこえることはかなわなくなりました。一週間ほどでクロは行方不明になり、隣人はぼくにも助けを求めて真夜中にマンションの敷地内を探したが見つからず、翌朝、車にはねられ下半身を切断された瀕死のクロが見つかりました。上半身のみでしばらく生き、半年後に死ぬまでのエピソードもさまざまありますが、ここではこれ以上の余裕がありません。

犬とは全く異なる野性的感覚にあふれ、生き生きとした身体の動きと心の自由自在さを持つ猫。そのたましい(anima)は、人間のくらしに生気を吹きこむ(animated)存在でした。

互いに見つめあう

人間らしく生きうる集住空間の回復・再創造のために、いかなる価値を目指すのかの見極めが、住み手にも作り手にも、行政側にも管理主体側にも求められています。抽象的な全体性よりも、出来事の個別性に固有の意味を発見する、発想の転換が大切です。ペットとの共生型集住の実現は、現代ハウジングの転換の方向を象徴的に示しうるのです。

人間とペットとの間には「見つめる／見つめられる」という経験の積み重ねがあります。帰宅するアルジを待ちわびる眼差しの愛くるしさに、見つめられる側の疲れはふきとび、心は開かれます。「見つめる／見つめられる」関係は、世界に対する愛・エロスの心を回復させます。見つめ直すことは、すなわちre(ふりかえって)+spect(見る)、人としての価値を認めるrespect、相互に敬意を払い合う関係の再創造と育みです。

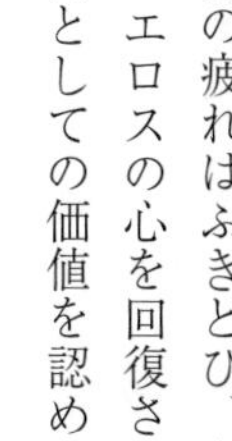

18 生活知

コンクリートの箱に閉じた暮らしからは、人間の活き活きとした物語りは息絶えていく恐れがあります。まわりに開かれた「小さな物語の綴れ織りで、人々の感受性は出来上がっていく」(石牟礼道子「葛のしとね」『石牟礼道子詩文コレクション 1』藤原書店)のです。その綴れ織りが失われると、知識も平板になり、学問もやせ衰えていくのです。人工と自然と暮らしが綴れ織りのように精妙に織り合わされた認識の仕方を「生活知」と呼びます。

O市K地区整備プロジェクトでは、事情があって、まず最初に専門家・行政側からの計画案のたたき台が提示されました。このことをめぐる市民各層からの批判・反発は、対話の積み重ねを経て、市民主体の、市民・専門家・行政に共感を呼ぶ計画案に作り直されました。[16]

その過程で反映された意見の多くは、市民・生活者ならではの生活知に属するものでした。当初の激しい対立をやわらかい対話にシフトさせるため、ワークショップ[22]のコーディネーター役をおおせつかった筆者と専門家グループは、市民の生活感ある発話から生活知をすくいあげ、評価するよう努めました。参加者の自由なつぶやきには——不安や不満から思い出というタカラの再発見と継承、再創造に至るまで——、それぞれの危機感と夢があります。その共有化ともなるワークショップは、毎回が筋書きのないドラマのようでした。

当初、建築家が提案した案は図(A案)のような囲み型レイアウトで、O市の地形・構造に基づき、中世ヨーロッパの自治都市のような形態を意図していました。その案では、小学校の教室は、特別教室をはさんだ対角線上にある体育館(生涯学習センター内にある)とは遠く離れていました。小学校と生涯学習センター施設を融合しつつ分節するこの案は、学校の施設水準を実質的に向上させる充実した空間となるよう、地区の生涯学習センター内の特別教室や体育館、ホールへと生徒が日々出向く、という空間構成になっていたのです。

住民と行政が最初に同じ席についた日、小学校と生涯学習センター等を合わせる行政の提案を、市民は激しく非難。とりわけ、PTA関係者たちは、子どもの安全の視点から不信と不安の声をあげたのです。

二回目以降のワークショップでは、テーブルトークで心配の具体的内容が語られるようになっていました。「日々普通教室から体育館に行く子どもの安全上、(教室と体育館は)隣に位置しているべき」との声で、子どもの学びの場の安全と安心の確保の視点から、当初案の基本的位置に変更が加えられていきました。

さらに市民たちは、周りの環境の文脈におけるレイアウト・パターンに次のような再考を促

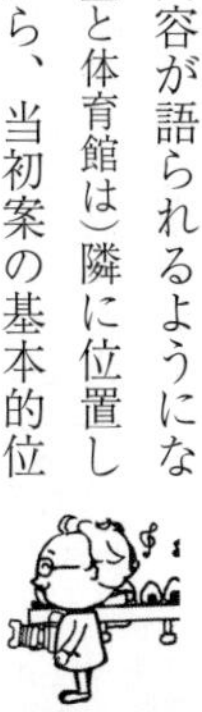

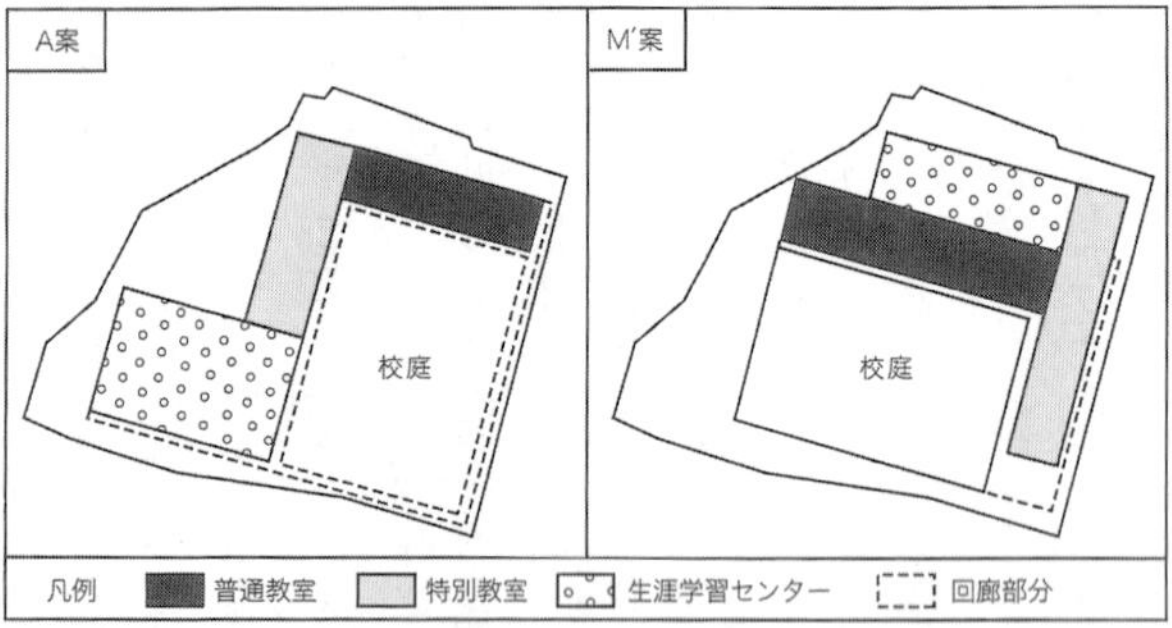

K地区整備基本構想A案とM′案

しました。(1)K山との開放的なつながりを大切にし、冬は山の中腹からスキーで降りてこられるように。ほかのシーズンも、校庭と山との関わりを大切に。(2)災害時には、市街地から校庭に人々が移動しやすいよう、周辺市街地に向けて校門を開くように。(3)かつての堀を復活させ、子どもたちがランチルームでお堀の水辺の景色を慈しみながら食事できるように。(4)敷地東側のお屋敷の茶室から西のK山に向かっての眺望が楽しめるよう、建物の高さに配慮を。(5)南側のY神社参道と校庭を連続させ、まわりに開かれたやわらかい場所に——などです。

　興味深い指摘もなされました。配置計画を何案も提起する中、ある案では建物の奥行きの確保のために校庭の南北が短くなってしまいました。それを見たある住民は、「秋の運動会には孫の応援に年寄りがよく来る。前日に雨が降って当日晴れても、このあたり(校庭の南端)は座るとおしりがぬれる」と、さらなるレイアウト変更を、根拠を明示しつつ求めたのです。空模様と人々のふるまいと敷地条件、というからみあいを洞察しうる生活知の力です。

前述の、環境の文脈に注目する五つの条件も、生活者が日々の出来事とプロセスに身を置きコミットする中で、不安・不満を予見し「こうありたい」コトを実感する生活知に根ざしたものばかりです。専門知が文献資料や常識に頼りがちなのに対し、生活知は暗黙知(tacit knowing、M・ポランニー)、すなわち無意識のうちに外界からとりこまれる情報群、身体的経験なのです。

市民との対話と協働のデザイン[1]の現場では、こうした暗黙知や生活知が、ハード(空間)とソフト(生活)の響きあう物語りを立ち上がらせる力となるのです。生活知・暗黙知にねざした市民の自由な発話が、空間の形成と利用のアイディアへ、評価と抽出へ、具体的計画へと反映され、オールタナティヴな配置計画案につながりました。

その結果、計二二もの案が生み出され、最終案は当初とは全く異なる質のレイアウトとなりました(図M′)。最終案には、子どもの学びの安全・安心という生活者の視点と、周辺環境との響きあいという市民的視点とが十分に反映されました。

専門家と素人の対立を超え、垂直的な関係を水平的な関係に置き換えていったワークショップ。のびやかに発話・応答する協働の原理が十分に作動しうるこの状況で、市民側から出され

た批判と、ありたい未来への志と「キモチ」、その「キモチ」の意味を解読した建築家による創造的な「カタチ」づくり。この一連の流れの繰り返しで、市民・専門家・行政の三者の共感をよぶ案に着地したのです。

複雑でやっかいな内容をはらむ複合的公共施設、その基本設計において、市民の生活知や「キモチ」の発露へ、その「キモチ」の創造的増殖から新しい「カタチ」のデザインへと至る流れには、物語りやドラマがあります。公共施設の設計プロセスにこうしたドラマがあるとき、その利用と運営に身をのりだす市民を育む、もう一つの物語りにつながるのです。

19　実践知

「自宅に閉じこもりがちな高齢者がまちに出て、世代を超えた人たちと交わる「多世代共生コミュニティ」を私たちは支援します。」こんな呼びかけのもと、名古屋工業大学でコミュニティ工学アウォード２０１２の公開審査会が行われました(二〇一二年一二月一二日)。審査委員長として参加した筆者は、そこで大学と地域の知が相互に応え合う関係を目にしました。

コミュニティ工学とは、まち再生のための実践的技術のことです。主に二つの方向性をもち、まず、コミュニティ支援技術。例えば音声に表情を読み取ることを可能にする音韻分析技術の活用で、患者さんの声からお医者さんが読み取る情報を深め相互理解の水準を高める。このことによって、患者さんの回復がスムーズに促され地域で元気で活動できるようになります。もうひとつは、失われた能力を回復支援する技術。例えば、音声合成技術によって、親しい人の声で語りかけ、記憶や能力を蘇らせる。パートナーと死別したひとり暮らしの老人が落ちこみ・閉じこもり・鬱へと向かうことを、パートナーの声を毎日きくことで緩和することができます。

この日は、コミュニティ支援技術として、市民が「道の口コミ」づくりに参加し、おすすめ散策コースを設定する情報選別の技術や、喪失能力回復支援技術として、片麻痺の人のための歩行支援器具をフィットネスやウォーキングに活用する提案が発表されました。

地域福祉の現場で働く人、家庭で高齢者介護にたずさわる人など、学生を含めて約七〇〜八〇人が参加した会場では、技術提案を具体的にどのように使えるかをめぐって、生活・福祉の現場からの発言が続きました。「技術提案」と「使い方提案」を総合的に勘案しつつ審査にあたって筆者が重視した点は、今後のくらしとコミュニティを育む上での活用可能性、未来への展開性という視点でした。

例えば、社会福祉法人「愛知たいようの杜」の橋野玲子さんから、現場体験を通じた次のよ

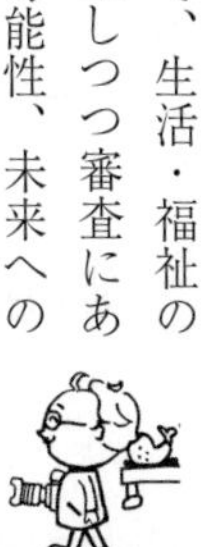

うな発言がありました。「私が働いている高齢者グループホームでは、音声合成技術に触れてその活かし方を思いつきました。山田キクさんの声を使って館内全体に朝のあいさつを流します。すると、仲間は驚くし、本人は自分が主人公になった気分になる。人は誰も自らの存在価値を認めあう関係を求めているのです。」この発言には、人と人のつながり・コミュニティを活き活きとさせたいという現場の切実な願い、そのことに裏付けられた、実践的で能動的な知識（マンハイムによれば「方向づけのための能動的知識」）の活用への提案があります。

住民の生活・コミュニティの状況を変える「能動的知識」が「実践知」。この日発表された大学研究者による技術開発成果の「専門知」は、生活者や働く人などフロアからの発言に度々あらわれた「実践知」と結び合うことによって、新しい時代の「コミュニティ工学」に育っていく可能性があると言えるでしょう。

実践知と工学技術との出会いだけが状況を変える新しい仕組みを生むわけではありません。実践知が社会技術とつながることで、まち再生を開花させる力を発揮します。

東京の柴又の賃貸コーポラティブハウス[28]「あるじゅ」（一二世帯）がその一例です。住み手が主人公となって、住まい・コミュニティをつくり育むコーポラティブ住宅は、通常は持家共同建設ですが、「あるじゅ」は賃貸でありながら、家族のニーズにあった面積と間取りフリーの四階建集合住宅です。リーズナブルな家賃負担で、入居後二〇年間を共に暮らすメリットをみんながら分かち合い、良質な人間関係を紡いでいます。

住宅経営というひとつの社会技術に、「モノ・カネ・セイド」がらみの「専門知」「制度知」を超えた「実践知」がしっかりと結びついています。賃貸コーポラティブハウスは、これからの時代、各地域で実現したい住まい・コミュニティづくりのアイディアです。

「あるじゅ」の例には、個人資産としての土地の私的「有効」利用を超えて、社会資本としてのコミュニティ的「有用」をはからんとした地主さんの見識、生きる哲学が、住み手と社会にとって良質な人間関係・空間・時間を実現させる「実践知」として、見事に貫かれていると思います。実践知は、生き方、価値評価・世界観、およびそれらをめぐる人々の対話が育む、豊かな思考の混ざりあいの産物なのです。

教師がレフレクティブ[37]に学び続ける力、看護師の人としての成長と技の融合、デザイナーのイメージを媒介とする協働など、多様な現場の実践知を理論化した注目すべき書物『実践知』(金井壽宏・楠見孝編、有斐閣)には、人とまちを元気にする専門職の実践知がよく伝えられています。

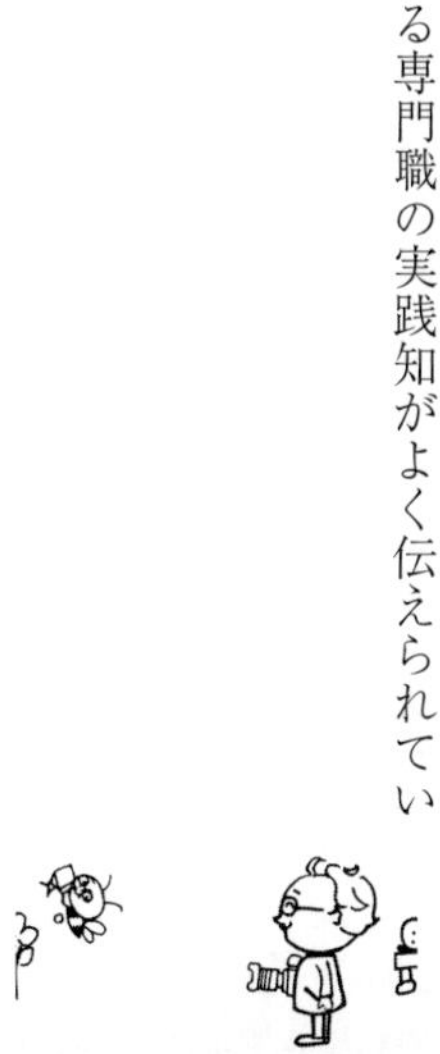

20　理論武装

国立台湾大学から筆者へのオファーが届きました。「日本のコーポラティブハウジング[28]の理論と実践を台湾の若き学徒に伝授してほしい。とりわけユーコートを台湾で実現させたい……」との夏鑄九教授の要請です。こうして、筆者は客員教授として、かの国の大学院博士課程の院生(社会人含む)と楽しい格闘[43]にとりくみました。

台湾で出会ったプロジェクトは、原住民居住地の再建設を住民参加ですすめる方法の開発でした。かの国には原住民が人口の約二パーセントをしめ、公認一四民族が自らの民族的文化を守る暮らしを求めて多文化共生社会づくりに奮闘しています。従来東海岸や山間部に住んでいた彼らですが、都市で生計をたてる都市原住民が増え、その典型的な例が、台北市南隣り新店渓沿いに暮らすアミ(パンツァ)族の集落で、約四〇世帯が約三〇年前から渓洲部落を形成しています。度重なる洪水や火災などの被害にもかかわらず、彼らは自立協働的な居住地を営んできました。写真1にみるように、山の緑をはいで建設した民間高層マンションが合法で、時をかけて自然と共生し緑を育んできた原住民集落が非合法とされているのは「オカシイ!」この

写真1

写真2

直観をもって、筆者はこのプロジェクトにかかわり始めました。
一軒ずつの住み方をネホリハホリと聴き取り調査し、日本の事例や渓洲部落の暮らしと住まいづくりの長所を幻燈会で学び合いました(写真2)。自らの居住文化に暗に誇りをもっていた彼らですが、外から来た「風の人」による評価[4]は、「土の人」としてのプライド[26]をいっそう高めました。幻燈会とワークショップ[22]の後は、路地で飲食を共にする楽しいひととき。ムササビの姿煮やフランス料理を越えて美味なエスカルゴ等も登場し、驚くこともしばしば。
アミ族の集落には、軒先、道端、東屋など、近隣の人々が集い歓談しコモンミールをとる場があり、これを彼らはバダウシ(Badaosi)と呼んでいます(写真3)。生活福祉のあり方として「自助・共助・公助」の組合せ方がどの国でも問われていますが、この集落には「自助」と「共助」をつなぐ「近助」の場(四十数戸のハウジングに六カ所も)があるのです(写真4)。バダウシ・路地・広場といった人と人のつながりを促し支える多様な「近助」空間はまるで「まちの縁側」[14]。そこでは、子どもをみんなの中で育み、お年よりを自然に見

守り、多世代が共に育ちあう「生活知[18]」「実践知[19]」が息づいています。

この部落住民が直面した突然の危機。地球環境の変動につれ氾濫が度重なる新店川に、新しい堤防の建設が行政決定され、この計画は溪洲部落を真二つに分断してしまうのです。集落の強制移転か！　しかし、ピンチはチャンス、トラブルをエネルギーに変えるには、反対よりも提案づくりです。子どもも大人も「こんな家に住みたいナ」との想いを白いシーツに描いて発表しあい（写真5・6・7）、フラッグを掲げてコミュニティの意志を具体的に表明したのです（写真8・9）。そのアイディアをもとに台湾大学の若手プランナーが住宅地レイアウト案を描き、住民で喧々諤々語りあい、そのつぶやきをさらに具体的なカタチに紡いでいきました。アメリカで一九六〇年代に提起されたAdvocate Planningは専門家が地域住民の利益を守り、将来の公共機関の計画に影響を与え、公共主導の計画を代替する計画（西尾勝『権力と参加――現代アメリカの都市行政』東京大学出版会）のことですが、この計画提案は、公共が何の具体案も持たないのに対し、住民側で練った積極的な提案を専門家が代替して計画し提出する、というさらに画期的なものでし

写真3

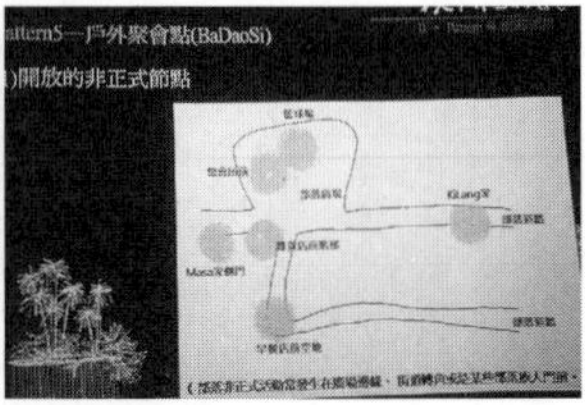

写真４

写真５

た。筆者ら溪洲プロジェクトチームは、調査と住民のつぶやき[11]をベースに、次のような提案をまとめました。

1　新しい堤防の上に公共用地を設定し、溪洲部落再建設用地にあて、低額の地代で貸す。

2　原住民居住地文化の魅力が継承・再創造されるように住民参加でプランニングを行う。

3　住宅建設は、建設労働従事者が多い住民の得手を生かしてセルフビルドで行う。

4　住宅建設にかかる費用は行政が補助する。

5　居住地管理は住民が自律的協働的に行う。

6　土地公有、アフォーダブルな（予算に見合った無理のない）家賃、上物は住民参加型計画・建設・管理の住まいを、社会住宅（↓コレクティブハウジング）[29]のひとつのありかたとして台湾全体にひろげていく。

以上のように、提案は、コミュニティデザインの観点から総合的な裏づけ（理論武装）をもってまとめたものです。

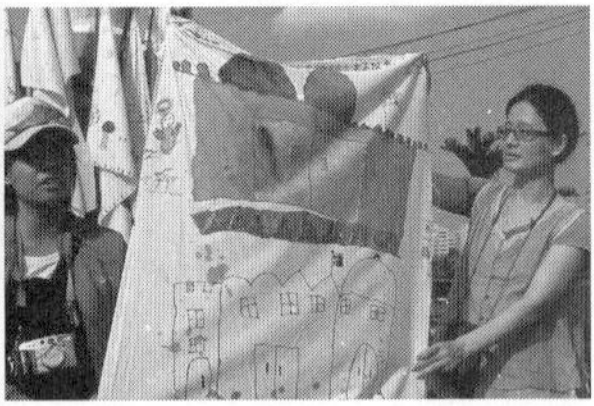
写真6

写真7

ある日の会合で、行政側の責任者は「私たちは今まで原住民に漢民族のやり方（法律・制度）をおしつけてきました。しかしこれからは、私たちが原住民の文化に学ぶ時代が来ました。この提案を生かしましょう。」と歴史的発言。この発言を引き出した背景には、原住民の社会運動の時間の力[35]があることは否めません。さらに加えて、溪洲プロジェクトのチームによる、アクションリサーチ（状況を変えるための戦略的調査）と、コミュニティデザイン（住民参加による計画・提案づくり）がありました。原住民と一体となる参加こそが、状況打開の叡知と理論の始まりとなる、という認識で調査と提案に取り組んだことも、大きな理由でしょう。

住民主体の現場からの視点で、提案の根拠となる「生活知」「実践知」を汲み尽し伝達しあい、新しい明快さと合理性を、住民・専門家・行政とで情報交換し、発見すること。デジタルで客観的な分析を超えて、住民の生活の息吹が感じられ、現場のドラマが伝わるアナログ的な知を重視すること（例えば幻燈会）。コミュニティデザインのた

写真8

写真9

めの理論武装には、住民と専門家、住民と行政の間でのメタ・コミュニケーション（ニュアンスやメタファーやフィードバックを含む）が欠かせません。物語り[1]的な理論武装が必要なのです。

溪洲プロジェクトのバダウシで共に食べ語りあう場や、「こんな家に住みたいナ」との想いを旗に描き、未来のイマジネーションを分かちあう柔かい伝達の媒体等々、厳しい現実と温かい価値とを融合する物語り的な方法が、住民・専門家・行政の各主体の気もちを内側から変え、育みました。

「時間の力」でとりあげる緑町団地住民も「土と緑とコミュニティ」への想いを表現し、住民の心からの願いを行政側に伝え続けるうちに、相手側の気持が変わり、住民提案に応答するフィードバックが動き始めました。また、「聴く耳をもつ」[36]で登場する水俣のTさんは、住民のやる気にじかに接し、ワークショップの場に継続的に身を置きながら、住民の要望のニュアンスを行政上部に伝えつづけ、住民・行政のメタ・コミュニケーションの創造的媒介者となりました。

理論武装とは、直線的な解説やマニュアル通りのすすめ方などでは

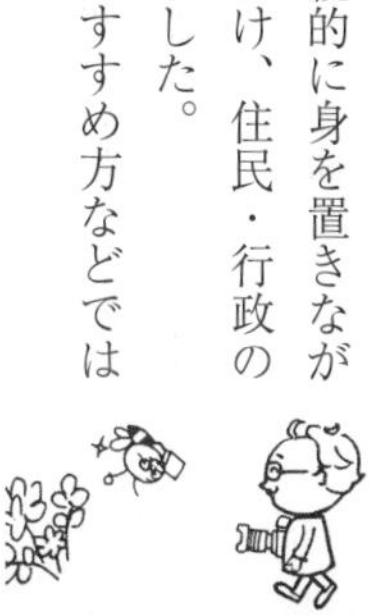

ありません。それは、生と知に対するひとつの姿勢であり、「公式」(formula)通りの基準にはめることではなく、住民の暮らす現場の状況への、能動的な「関わり合い」(commitment)から生まれるものです。

どんなややこしいトラブルにおちいっても、ユーモアやニュアンスや笑いという別次元のコミュニケーションが出口を開きます。グレゴリー・ベイトソンの「ダブルバインド理論」が示唆したように、人間のコミュニケーションは複数の次元(言葉と態度、表情と行動など)で重層的に発信されており、相矛盾するメッセージで相手を追い詰めること(それではなく、これでもない)も可能なら、逃げ道を開く(そうでもあり、こうでもある)ことも可能だからです。

渓洲では二〇一三年現在、堤防が建設されましたが、行政内部の住宅建設補助をめぐる立場のくいちがいなどで、住民提案はスムーズに実行されているとはいえません。しかし、住民ならではの結束力ある交渉で、自らの暮らしの文化へのプライド[26]、その柔かい表現、面白くて楽しいメタ・コミュニケーションをこめた理論武装とで、創造的な出口を近く見出すでしょう。

21 わくわく&リーズナブル

先日、筆者の最終講義をやりました。題して「夢のようなことを実現するコミュニティデザインへ――物語り計画論にむけて」。講演と鼎談、会場からの「ナラティブとロジカル、感性と理性、どっちかだけではいかんやろ。どっちもとるのはできるんか」という鋭い問いかけ。

大学《アカデミズム》の講義には、ある学問分野の理論的蓄積を体系的に伝える役割がありますが、それだけをきりとってやることは、「アカンデミズム」におちいります。人は理論より経験によって、論理よりも記憶や直観によって学ぶものです。ですから、筆者の講義は、テーマの解題・位置づけをした後に、現場での出来事や状況を幻燈会で物語り的に伝え、共感と「恍惚状態」(ジャック・アタリ著、柏倉康夫他訳『21世紀事典』産業図書)で学べるように仕組んでいます。感性と理性、ナラティブとロジカルの両立、すなわち「わくわく&リーズナブル」を目指すことが、大学教育でもまちの育みの活動においても肝要なのです。

特に、悩みや問題をかかえている時、人は人との繋《つな》がりの中で、それを乗りこえていく状況を感じとるものです。フランスのラ・ボルド精神病院院長のジャン・ウリは、治療の根本として表現活動の過程を真正面から考察していますが、彼の言葉によれば「重要なのは循環(circulation)することです。やりたいことを探してうろつくことができることが重要なのです。自分とは違う人と出会うこと、そして活動に出あうことが重要なのです」(三脇康生「詩的なロジックとは何か」プラクティカ・ネットワーク編『日常を変える！ クリエイティヴ・アクション』フィルム

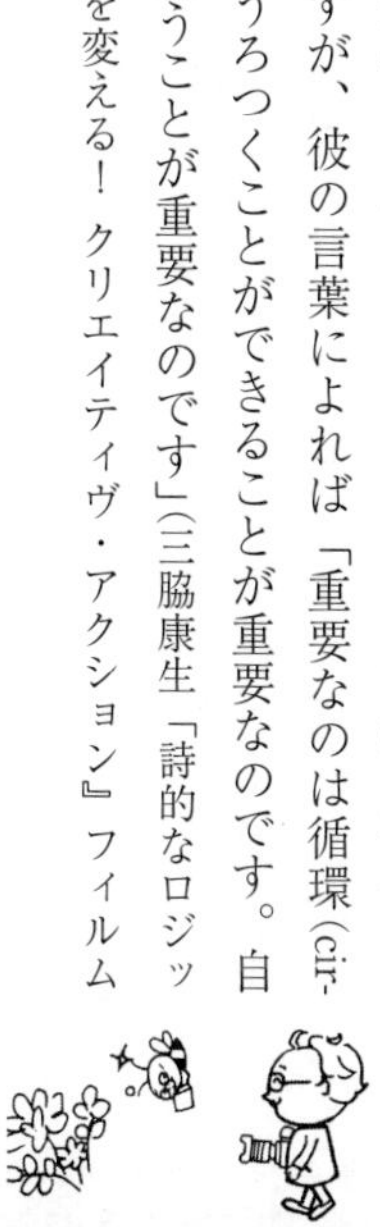

アート社）。さらに、「自分の私的なこだわりを詩的に他者に開くインターアクションをよびさます〈雰囲気〉を創ること」が注視されています。このことはまさにフィールドワークショップ（游歩謀讃）における「タンケン・ハッケン・ホットケン」[13]を通じて、空間体験による感動表現と相互敬愛のインターアクションを状況に応じて自由自在にひらいていくことと呼応しています。

「人というのは一つの全体、アンサンブルです。星座のような人間関係の図……すべての人はそのような人間関係の縁といいますか、関係性のなか」（ジャン・ウリの言葉。三脇、前掲書）で自己がひらかれ、自らの空間を形成し、地域に潜在している価値への気づきが分かちあわれていきます。

生きる力は、生きることを楽しむこと、人間関係を築く力という「わくわく感」に根ざしています。そのことが、心の働き方に、状況を開く予感力や構想力といった「リーズナブル」な理性をもたらすのです。「わくわく&リーズナブル」が、人もまちも内側から育む力です。

話は飛躍しますが、「わくわく&リーズナブル」とは、まるでパブロ・カザルスの弾くバッハの無伴奏チェロ組曲の世界のように思います。カザルスは子ども時代のふるさとの鳥の声に心を動かされ、道ゆく村人たちの歌に喜びを感じていました。一三歳のときから一二年間バッハのチェロ組曲の合理的な奏法を開拓し、心が澄みわたる最高の感性的表現をものにしました。

その長く輝かしい晩年、世を去るちょうど二年前の一九七一年一〇月二四日の国連でのコンサートに出演した九四歳のカザルスは次のようなメッセージを述べてから「鳥の歌」をチェロで演奏しました。「生まれ故郷の民謡を弾かせてもらいます。『鳥の歌』という曲です。カタロニアの鳥たちは、青い大空に飛びあがると、「ピース、ピース(peace)」といって鳴くのです」と。ここには、自ら育ったまちへのわくわくとした思い出とその根源にあるリーズナブルな価値への「おもむき」が見事に表現されています。「わくわく」と「リーズナブル」をつなぐのは「おもむき」です。

「おもむき」といえば思い出すことがあります。それは、日本の風土を哲学的に深く論じるオギュスタン・ベルク先生とある研究会で、ご一緒した時の彼の発言です。ベルク先生は、英語のsense(センス)とフランス語のsens(サンス)と日本語の「おもむき」について語られました。英語のsenseが「感覚」「意味」という二つの意味しかないのに、フランス語のsensには、それらに加えて「方向」という意味がある、日本語の「おもむき」「おもむく」には、この意味・感覚・方向に加えてもっとニュアンスの豊かさが込められていると。

日本の「おもむき」は「面が向く」という、人がまわりの環境に向きあい、応答し、相互に作用しあいゆるやかな溶け合った関係、方向を含意しているのです。

ヒト・モノ・コト・トキの間の多重のひらかれた応答過程において、常に「向き」を志すこ

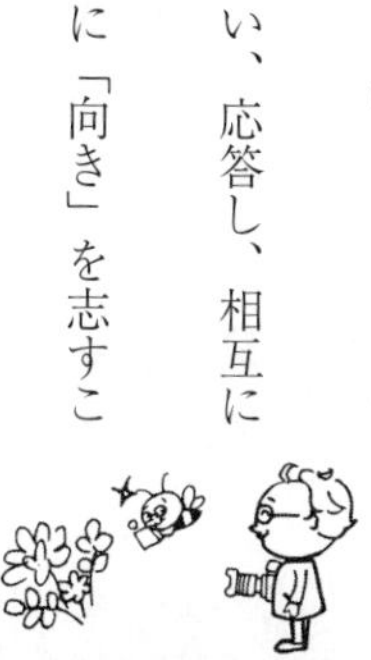

とが「おもむき」です。「おもむき」は、人間と環境の間の応答・循環関係を促すヒトの志を表しています。「おもむき」は水や花や景色などについての感興《かんきょう》を指し、「情趣。風情。おもしろみ。あじわい。趣味。雅致。おもぶき」(『日本国語大辞典』小学館)を意味しています。それは、効率性をきりはなすことができない機能性のある言語を超えて、事実的なものと感覚的なものの間のめぐりをよくする言葉です。

まちタンケンによる価値発見の感動や音楽によるアート的感動の「詩的」な面が、その意味することや理知的なことの「ロジカル」につながるには、それらをつなぐセンス・おもむきがいるのです。即ち「詩的ロジカル」(わくわく&リーズナブル)が成り立つのは、ヒトとヒト、ヒトとモノ、大宇宙(自然)と小宇宙(人間)との間に有機的な交感を感じとるセンス、意識の方向感なのです。まち再生と人の育みにおいては、常に「詩的ロジカル」な「おもむき」、方向感を大切にしていきたいと思います。

III

知恵の育み合い

樂働育笑
咲協共可
喜發話變
歡私對軋

22　ワークショップ

ワークショップの広がりにはずみをつけた中野民夫『ワークショップ』(岩波新書)によれば、それは「講義など一方的な知識伝達のスタイルではなく、参加者が自ら参加・体験して共同で何かを学び合ったり創り出したりする学びと創造のスタイル」です。このような「参加体験型のグループ学習」は、コミュニティデザインの現場ではどのように行われるのでしょうか。参加のまちづくりの現場では、学習としてのワークショップにとどまらず、設計や運営のしくみづくり等、提案にかかわるワークショップが行われます。

公共施設の設計に市民参加方式を取り入れた岡崎市の例を見てみましょう。市(三八万人)の中心市街地、家康が生まれた康生地区。衰退の一途をたどるこの地区の活性化をめざし、行政は中心市街地再活性化拠点整備基本計画(平成一五年度)を策定しました。図書館を中心に「楽・習・交流」を育む魅力ある生涯学習拠点(後に「図書館交流プラザりぶら」となる)を市民参加でつくる方針を提起しました。平成一六年度には基本設計ワークショップが開かれ、筆者はその総合コーディネーターとしてかかわり、次年度からは実施設計・管理運営計画・担い手の養成のワークショップが開かれました。平成二〇年度の竣工・オープンまで計二四回のワークショップには、大規模複合公共施設という空間的にむずかしい内容、四年にわたるロングランにもかかわらず、一回あたり平均六四人が参加。オープン後の「りぶら」の入場者は七カ月で一〇〇万人超という利用度の非常に高い公共施設となりました。

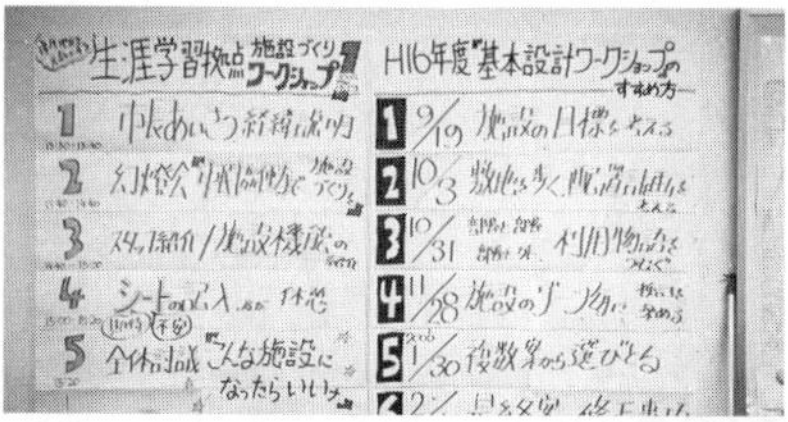

写真1

課題が何であれ、ワークショップの進め方において七つの重要な点があります。まずひとつは、「プロセスデザイン」。主題に向けてのコトの運び方、その全体過程の企画力です。「りぶら」では、写真1のように、六回(一年間)にわたる基本設計の検討段階を明らかにしています。一回目は目標を語りあう、二回目は敷地のタンケン・ハッケン・ホットケン[13]……等を経て、六回目の最終案を共感ある合意のうちにまとめました。プロセスデザイン、全体の進め方といっても固定的なものではなく、状況の推移で柔軟に変化しますが、最終案のとりまとめは参加者が全体の方向性を分かちあうためにこれらをまとめておくことも、重要なのです。

第二に重要なのは、ワークショップの進め方のカンドコロ、「プロ

写真2

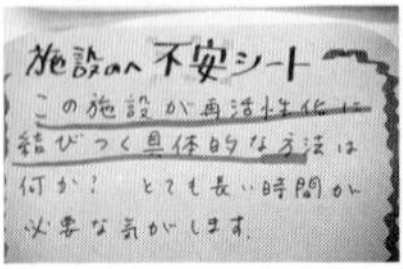

写真3

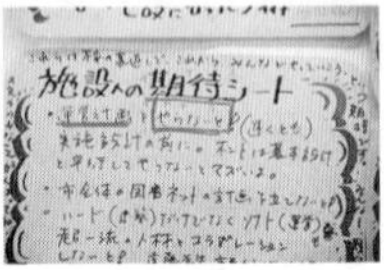

写真4

グラムデザイン」。連続ワークショップのプログラムは、毎回マニュアル通りではない、状況に応じてよく練られたものであるべきです。写真1の左には、第一回のワークショップの流れが示されています。プログラムデザインに必要なのは、全員が身を乗り出して発言できることと、異なる意見や対立の不協和を否定することなく、新しい視点や新しい協和を発見する柔軟性です。このワークショップの一回目では、「期待」と「不安」の二種類の「つぶやきシート」[11]（写真2・3・4）を配って書き込んでもらい、全員発言を引き出すとともに、積極的意見と批判的意見の両方を尽し、その後の進め方に役立てました。

第三に、心すべきポイントは「参加者デザイン」。課題のねらいにそって異なる世代や立場の参加者を組合せ、バランスのとれた参集を仕掛けることです。「りぶら」の場合、中央図書館という全世代・全地域に関わる施設ですから、高齢者から中学生までが参加しています（写真6)。ある回で全体空間構成のデザインゲームを行ったとき、ある中学生は、敷地がかつて岡崎城の外堀にそっていたことに因んで、「外堀ガーデン」提案をしました。その提案が、大空間の東西軸に「お堀通り」という柔かい曲線の動線を生み出し(図・写真5)、歴史を未来に再創造する個性的空間を生み出しました。参加者の組合せから、知恵の相乗効果が発揮された一例です。

第四に、ファシリテーション。「いけてる議長」として「議論の見える化」をはかるファシリテーター[23]による、センスとスキルの発揮が欠かせません。

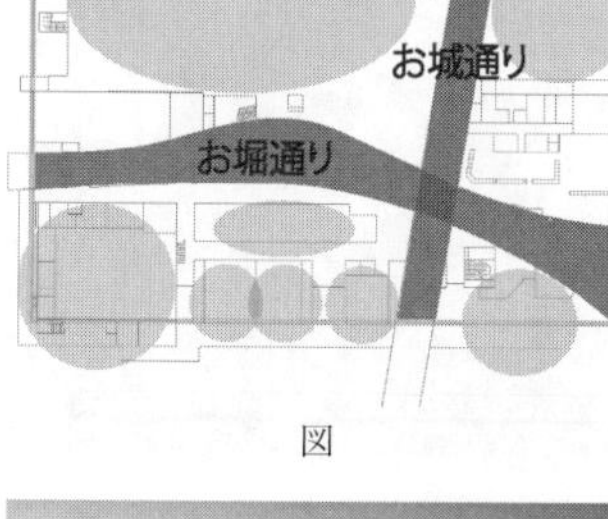

図

写真5　撮影・エスエス名古屋

写真 6

第五に、合意形成支援。りぶらの場合、基本設計から実施設計への移行となるワークショップ七回目の冒頭で、参加者から強い反対意見が出されました。「岡崎市も財政難だ。初期投資もランニングコストも金食い虫になる大規模公共施設はやめておいた方がよい。」その場のコーディネーター役を預かっていた筆者は、一瞬たじろぎました。行政からの説明を求めようか？　しかし、こういう時は、行政やコーディネーター側が説明に立ったのでは、発言した市民の怒りをいっそう高めかねません。むしろ市民の発言を待とうと思った次の瞬間、会場から一人の市民が発言。「あなたのいうことはもっともだ。コストダウンには最大の努力を払おう。でも岡崎の歴史始まって以来のこんなに大きな公共施設を、みんなで設計し育もうという気運が高まり、具体的方向がみえてきている今、このまま進めていこう。」この敢然とした応答が、会場の共感[16]と合意を引き出しました。プログラムの進行につれ、当初強い異を唱えていた市民も身をのり出してグループトークにかかわり、最後の発表では「大きな施設の南側の顔立ちが単調だ。ここをお城側にひらいて縁側のようにしよう。」という積極的な提案をしました。反対意見・トラブルがおこった時には待つことも大切。予定調和でなくトラブルをエネルギーに変える合意形成の支援が大切です。

第六に、情報編集。毎回の議論と提案内容をわかりやすい「かわら版」「ニュース」としてまとめることも、連続ワークショップの成功には大切です。出席者用のまとめだけではなく、欠席者や新参者への情報伝達、加えて、回を重ねる提案検討の談論風発の客観的記録ともなるのです。

第七に、後方業務すなわちロジスティックス（木下勇『ワークショップ』学芸出版社）。ロジスティックスとは、もともとは軍事上の物品輸送や食料調達などの後方業務を意味しますが、ここではワークショップ会場の設営、模造紙・マジックペンやカード、その他の調達、参加者が取りやすいような配置、受付、ネームカードのデザイン等によって、プログラムの進行や参加者の参加意識が高まる工夫までを含めます。机や椅子の並べ方も、その日のプログラムに一番適した配置を考えるのです。

「プロセスデザイン」「プログラムデザイン」「参加者デザイン」「ファシリテーション」「合意形成支援」「情報編集」「後方業務」等が相互に緊密にからまりあって進行する仕掛け、インタラクティブなデザインの成功は、参加者の意識の衝撃的な飛躍、変化が起こったか否かにかかっています。ワークショップはワープ・ショックであるべきなのです。

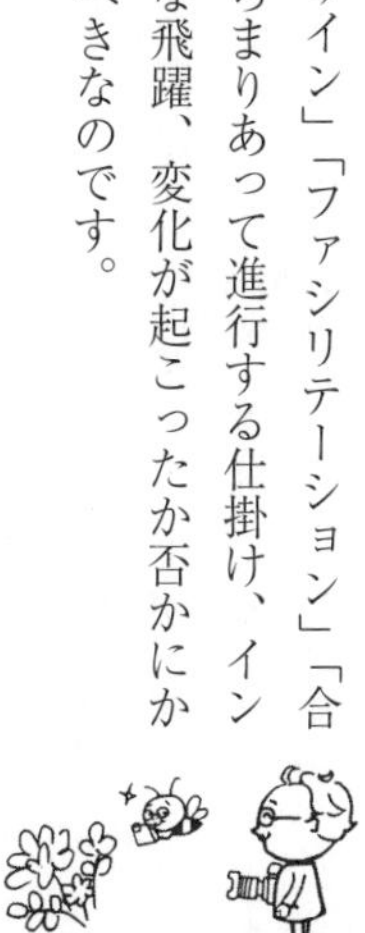

ワークショップの目的はまさに「意識化」にあります(前掲書)。「意識化」(conscientization)は、パウロ・フレイレ(ブラジルでのコミュニカシオン〈伝えあい〉の教育実践者)の造語です。人が主体的に動き出すその背後には、それなりの意識があります。無関心という深層の意識状態を変えるために必要なのは、①まち体験や学習等のワーキングのための具体的資源(Resource)、②「ヒト・クラシ・イノチ」ありきのプロセスの物語りを描く行動表(Score)、③物語り的提案の価値をめぐっての評価(Valuation)、④提案の具体的表現・実行(Performance)の一連の流れです。

この四つのキーワードは、コミュニティデザインの方法と実践の先駆者ローレンス・ハルプリンがサンフランシスコ等のまち中で住民と共に活動・対話・表現しながら定式化した有名な「RSVPサイクル」に合致します(*The RSVP Cycles*, 1969)。こうした資源・行動表・評価・実行化の円環的プロセスによって、意識化が進むなら、ワークショップは意識の衝撃的な飛躍、ワープ・ショックになるでしょう。

23 ファシリテーター

「ハシリテーター?」「何を目指して走っている人?」そうではありません。開かれた討議の場づくりの支援・促進(ファシリテート)をする人、その進行役、促進役、引き出し役、世話人です。会議などの話し合いの場では「いけてる議長さん」「いけてる書記さん」として次の五つのご縁づくりをします。

「いけてる議長さん」

1　何が大事なことかについてキモチを育む――気づきを促すご縁づくり
2　参加者ひとりひとりの思いを引きだす――つぶやき自由のご縁づくり
3　課題解決に向けての思いやアイディアを出しあう――アイディア交換のご縁づくり
4　これからのすすめ方を意味づけ方向感を分かちあう――合意形成のご縁づくり

「いけてる書記さん」

5　つぶやきやアイディアをわかりやすくまとめる――議論の見える化のご縁づくり

こうした多様な縁結びの役を果たしますが、仏教思想における「縁起」は、ある事象や事物は他のものに縁《よ》って生起する、という考え方です。ファシリテーターは、人と人をつなぐ「縁起ニア」なのです。

住民と行政の協働をうたいながら、会議では声の大きい人の意見が通り形式的多数決でコトが決められる在来のやり方が変えられない。全員が発話し、少数意見も生かされ、ゆるやかに合意形成がなされ、ひとりひとりの持味を発揮し協働に赴くコミュニケーションは、どうした

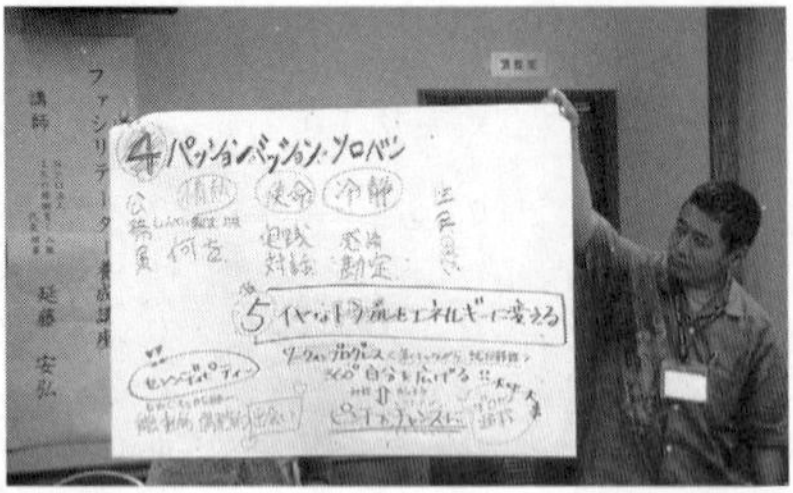

写真 1

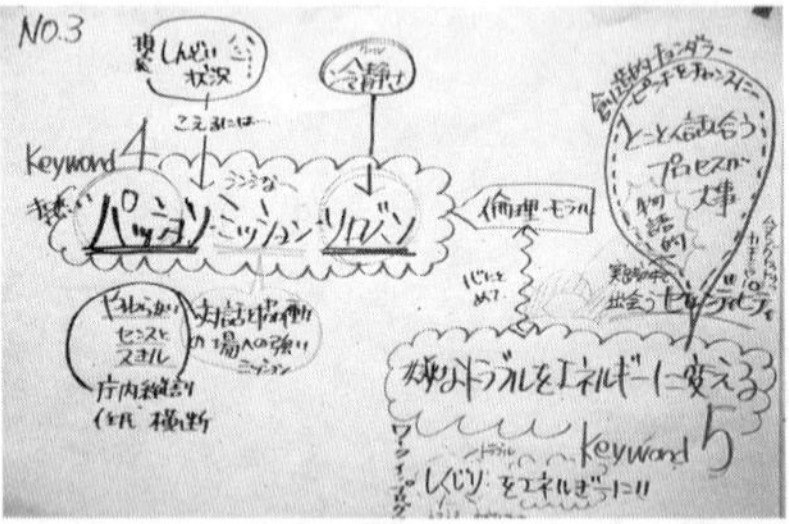

写真 2

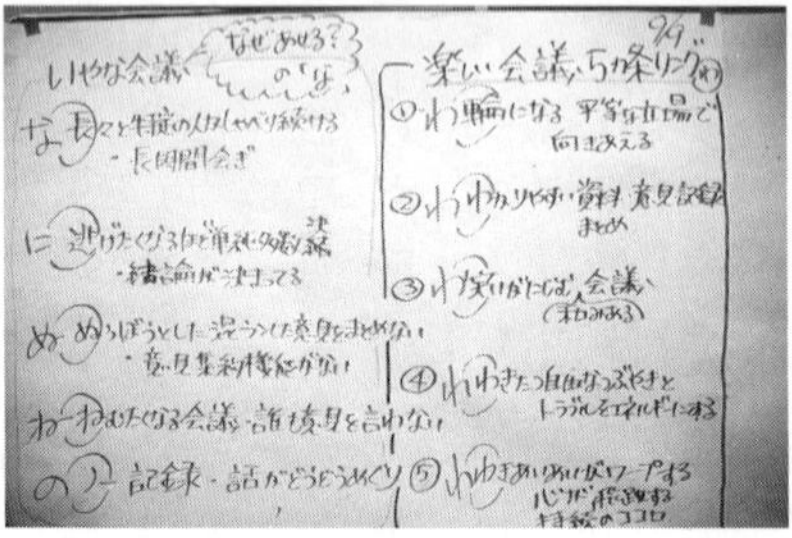

写真 3

ら実現するのでしょうか。

沖縄の糸満市では市民・行政協働による総合計画づくりのために、ファシリテーター養成講座が行われ、筆者とアシスタント(名畑恵)がその場の運営にあたりました。講座のはじまりはいささか固い雰囲気でした。よく見るポーズの、腕組みをする人、ひたいに手をあてて机を見ている人、無表情のしらーっとした人、などなど。そのようななか参加者の心をのぞかせても

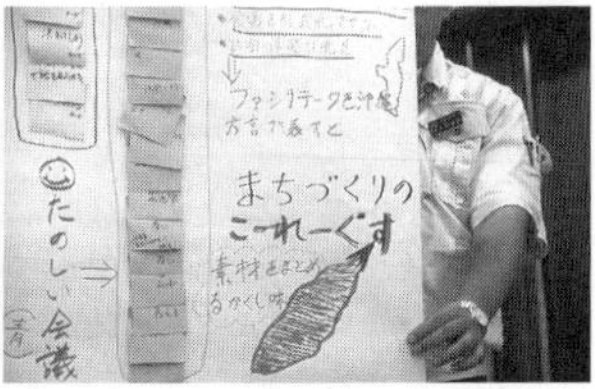

写真４

写真５

らおうとアンケートをしてみると、およそ八割をこえる人々の反応が「ファシリテーターってよくわからない。」

二日目が終わって同じ問いを発してみると「それなりにわかった。あとは実践で高めていきたい」という反応が九五パーセントをこえました。講座の効果がうかがえる数字ですが、このような研修成果があげられた理由はまず、参加者の構成が市民と行政が半々二〇名ずつ、計四〇名という組み合わせがよかったのでしょう。「やってみよう」という行政マンと、「もっとやってみたい」市民の同席・交流が、相互に触発し合う状況を生みました。

第二に、ファシリテーション・グラフィックス(FG、図解的要点筆記、写真1)のお試しトレーニングが効を奏したこと。一日目の全体に荒っぽい書きぶりに対して、二日目はバランス・きめ・配置等の行き届いた表現へとステップアップ(写真2)。FGトレーニングに続くワークショップによるFG実践が、花開く状況を生みだしました。

第三には、これまでの「いやな会議」を反省しつつ「楽しい会議」の条件をあげ、「いけてる議長さん」の役割を自覚したこと(写真3)。

そして方言の活用がもたらす効果。一日目のワークショップ[22]で「ファシリテーター」をうちなーぐちで何というか談論風発の結果「ナカムチャー」(仲を取り持つ人＝和気あいあい)「チョンダラー」(京太郎、道化師＝その場をつくる)「こーれーぐす」(唐辛子＝素材をまとめる隠し味)など、沖縄の風土に根ざしたコミュニケーション文化を象徴する言葉が生け捕りにされました(写真4・5)。

さらに物語り[1]的表現によるマインドの共有化。二日目のワークショップで市民と行政の協働の物語りを、写真を手がかりに創造してもらったことで、常識や前例をこえる状況づくりの方向感が分かちあわれました。

そして「いけてる議長さん」「いけてる書記さん」のスキルが、まち育て[25]・まちづくりに必要な生き方の哲学や価値観とつながっていることを理解し、幻燈会[4]を通してその役割への共感[16]がいっそう広がったこと。

シラーとした沈黙も、対立や葛藤が渦巻く状態も、その場に潜在する叡智を顕在化させ、マインドとスキルを結びつけることで「あたりまえ」を解きほぐし、「ドンヅマリ」を乗りこえる——ワークショップでも一般の会議でも、トレーニングと実践を重ねれば、ファシリテーターは創造的対話の場を必ずや生みだせるようになります。

24　頭韻要約法

在原業平（八二五～八八〇）は、「かきつばたという五文字を句の首に据えて旅の心を詠まむとして詠める」との詞書のもと、三河の八橋で羇旅歌《きりょか》（旅情の詠）を詠みました。

から衣　きつつ馴れにし　つましあれば　はるばる来ぬる　たびをしぞ思ふ（古今和歌集・巻九）

です。八橋で鑑賞した「かきつばた」のキーワードがしっかりと構成された歌体の各句頭に無理なく折り込まれています（荻生待也編著『図説ことばあそび遊辞苑』遊子館）。

文字頭韻をつづると、それだけで意味のある語句となるものを折句《おりく》といいます。折り込むべきある句を一文字ずつ各歌俳の冠（頭）に配置したものを冠折句《かむりおりく》といいます。筆者はこの冠折句を、現代のまち再生コミュニティデザイン活動の現場で活用し、「頭韻要約法」と名付け独自の実践を重ねています。

沢山の人々の話し合いの場は、往々にして話題があちこちに拡散しがちであったり、結論がないまま「時間がきましたので終わります」の司会者の言葉とともに形式的にしめくくられがちです。しかし、進行の混乱や意見の拡散のなかでも、人々の発言には隠された意味や多様な

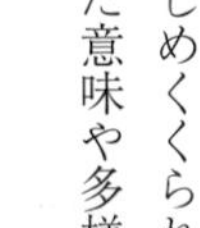

価値がはらまれているものです。

ワークショップ[22]のような談論風発の全員発話の場であれ、シュクシュクと進行する話し合いの場であれ、集まりの終りにはケジメとモリアガリのある、まとめが必要です。「今日は全体としてこんな成果があった」「私の発言はこう位置づけられた」「次からこの方向でやってみよう」等、参加者たちの相互理解を分かちあうことが必要です。具体的には、会議・ワークショップでテーマの掘り下げと発展につながる言葉を生け捕りし、キーワードとして束ねること。その複数のキーワードを横書きにしたうえで縦に串刺しして、冠折句のように頭文字を拾って読んでいくと現れるもうひとつの縦のキーワードを設定する。これを頭韻要約法と呼んでいます。キーワードをリズミカルに束ね、頭韻を与えることによって、人々の記憶にとどめるのです。

筆者が活動している名古屋・長者町では、二〇一三年の「国際芸術祭あいちトリエンナーレ」(あいちトリエンナーレ実行委員会主催)を地元はどう受けとめ協働するか、まちの人々が自由に語りあう「シャベリ場」が持たれました(二〇一二年一二月五日)。五十嵐太郎芸術監督の基調講演をめぐって、まちの人々の質問や意見が交わされ、最後に筆者がアドリブでその日の主要なキーワードをまとめ、横書きにしました。その頭の文字を縦に読むと、「めざめる長者町」となります。あいちトリエンナーレ２０１３のよびかけスローガンのひとつに「都市よ覚醒せ

よ」とありますが、長者町が産業・居住・環境・グルメ・アート等多様な面での活動めざまし
いことを反映させ「めざめる長者町」とくくりだしたのです。この日の場ではじめて提起した
キーワード、「ファイバーシティ（繊維のまち）からダイバーシティ（多様性のあるまち）」を、参加
者たちは驚きと感動をもってむかえました。アドリブによる頭韻要約法は、コミュニケーショ
ンの現場に生起する生きた言葉を生け捕りすることと、いまだ表現されていないもやもやした
ことを、新しい概念・言葉として大胆に提起することを目指します。そうすることによって、

本日のキーワード

写真1

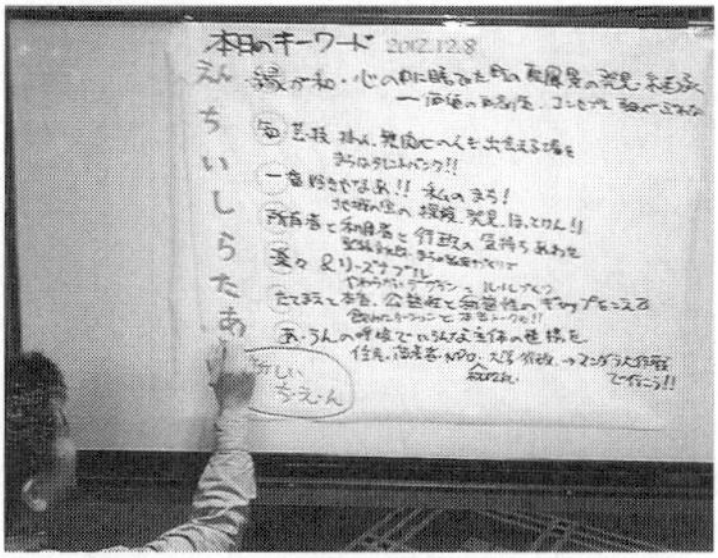
本日のキーワード 2012.12.8

写真2

参 加 持 続
生 態 民 主
育 成 全 心
表 現 意 味
L Liaison between participation and sustainability
I Interwoven active ecology and deeper democracy
F Fostering mind fulness, empathy and insight
E Expressing sense and meaning of legends and community collective memory
S Subject-in-process, appreciating symbol for heart and soul of the community
C Call and response, raising holistic learning and imaginative people
A Added value of living attitude and appearing growth
P Proceeding vitalization and revitalization experimental and expressive learning
E Explicating the generative situation and co-happiness by social inclusion
S Sustaining and enhancing community power, becoming lived space

図

その場の参加者たちは、自分たちがしゃべったことのエッセンス・精髄の集約を手にすることができ、新しい方向感を映し出すコンセプト誕生への共感が渦巻くのです。そのような頭韻要約法は、人の生き方・まちの育み方の希望を分かちあうよう支援するファシリテーターにとって、重要な手法なのです。

もちろん成果は毎回異なります。京都での市民協働講座の一回目のキーワードは「きょうとらしさ」(写真1)。二回目のそれは、上から読んでもつながりませんが、下から読むとこの日のテーマ「新しいちえん」(写真2)。逆転の発想に会場は笑いのウズ。何れにせよ、あらかじめ用意された譜面を用意するのではなく、インプロヴィゼーション・即興を楽しみあうことに意味があります。

国際会議でも応用できます。ある年のアメリカ・日本・台湾・中国等の環太平洋地域のコミュニティデザイン国際会議のしめくくりに筆者がまとめたのは、漢詩四行詩風のキーワード。四文字四行を横縦と斜めに読んで一〇のキーワード、加えて英文にしたキーワードの頭文字を束ねればLIFESCAPES(図)。会議のテーマがSustainable Landscapes, Sustainable Communitiesであったことを意識して、もう一つキーワードをくりだしたのです。

25　まち育て

「折り目」正しい活動

広島市街地から北へ一七キロメートル、太田川と根谷川に挟まれて扇状にひろがる狭い平地の可部《かべ》のまち。江戸時代に城下町宿場町として栄えたこのまちには、二カ所で直角に曲がった「折り目」といわれるクランク型の道が走っています。車交通の現代からみると、不自然なカギ型をした道。城下町ゆえ騎馬の駆け抜けを防ぎ、火事の際には吹抜けを防ぎ、あるいは人々の足を留めて町の賑わいをつくり出す、などの理由があるのです。このようなまちのタカラを紹介する『わがまち可部』(可部カラスの会)には、地域の歴史的資源が系統的にまとめられています。

二〇世紀の終わり頃、広島市内からの人口のスプロール、環境悪化の傾向がひどくなり始めた時、地域住民は、地域のタカラを守り育む活動に身をのりだしました。筆者は、そのスタートアップに立ち会い、住民のこの「折り目」正しい姿勢に共感しました。その後住民は一五年間「可部を誇りの持てる住みやすい町」として育むことを願って、環境、福祉、文化、教育などなど多岐にわたる活動を続けています。

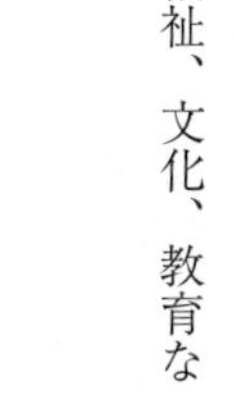

地域のタカラへの着眼という「折り目」正しい活動の点で特筆すべきことが、この可部にこりました。二〇〇三年、JR可部線は可部駅から西側四六・二キロメートルの三段峡駅までを廃止しました。ところが九年強にわたる住民活動の末、可部駅から西へ一・六キロメートル(長井荒下地区、駅名は未定)までを、回復・再生させることになりました(二〇一五年運行開始予定)。

ふたたび線、ふたたびの宮

富山市JR富山港線が廃線とほぼ同時にLRT(次世代型路面電車)化を図るなど、新しい公共交通創造で話題を呼んだ例(二〇〇六年)がありますが、一度廃止された路線が一二年後に再び復活するのは、可部―長井荒下間が全国で初めてです。地域住民の足・公共交通という地域のタカラの再びの甦りを評価し、地域の人々はこれを「ふたたび線」と名づけています。さらに、長井地区にあるお宮さんを「ふたたびの宮」と名づけて、境内に「手あわせ石」を置き、それには「絆、長井ふたたびの宮(二人旅)」と刻まれています。水飲み場もさい銭箱も鈴をつける金具も全て住民の手づくりで出来上がりました(写真1)。ただの空間から親密な場所として蘇りつつあるそこに立つと、お宮さんはまるで笑っておられるように、喜んでおられるように見えます。「ふたたび線」「ふたたびの宮」プロジェクトを、地域再生の「エンジン」にしようとする動きに、さらにはずみをつけようと企画された、長井まちづくり会議主催「ここで子どもを育てたいと思えるまちづくり」(二〇一二年八

写真１

写真２

月二五日)での幻燈会に、筆者は招かれました。参加者の反応には鋭く深いものがありました。

「不便さの中の豊かさを大切にしたい」「コミュニティとエコロジーをつなぐまちづくりへ」「子どもが楽しそうにしているのがいいなあ」「ふたたびの宮に参ろう」「長井の嫁に来て三八年！　老いるのが楽しみです。すばらしい地域だから」等々。彼らは、よその地域の事例と照らし合わせつつ、わがまち育みに根源的なことがらを表現していました。

休憩後、共催の長井荒下まちづくり協議会と、両地区のこれからのまちの育み方について談論風発のワークショップ[22]を行いました。二グループの発表の後、筆者はこの日の参加者のつぶやきを発表を通してひろい、キーワードを束ねました。

「ふたたび線」の新駅(予定)駅前のかつての酒屋は改造され「ふたたびの館」に変身、「長井ぷらっとホーム縁が和」というデイサービスの場で、懇親会が開かれました。鯛ソーメンやいろいろのお惣菜など地域の食のタカラをいただき、[7]笑いサクレツの中、来年は

「ふたたびビール」を開発しよう等の「ふたたび」アイディアが飛び交いました。

翌日は朝七時から、「ふたたびの宮」のそばに設ける寄合小屋の組み立て作業（写真2）、そして流しソーメンパーティ。残暑きびしい紺碧の空の下、赤ちゃんも含む老若男女の地域住民約四〇人余、地区外からは女子大生を含め約一〇人の参加。長井の自治会加入数は、約六〇戸ですから、相当の人々が参加していたことがわかります。

ふたたび甦る理由

長井の地域の生命力がふたたび甦ってきたのはなぜか。自治会長の岡本さんの奥さんのお話によると、長井地区では、長い間「沈黙が美徳」でした。最初に岡本さん達が呼びかけ、動き始めたとき、人々は「今さら何をやるの？　自分らは高齢者。自分を守るだけで精いっぱい……」と口々に言ったそうです。あの時が一番シンドかった。「やろう」というとシラーっとして、口を開くと「忙しいのに、私たちの暮らしを荒らすの。」とも言われたそうです。どんなに小さなことでも、動きだすとマサツがおこるものです。「でも、私たちは一歩踏みこんで小さなことをやってみました。すると不思議なことに、長井の誰かが走り出すと、明るく楽しく動き始める人が続きます。最初に文句や批判を口にのぼらせていた人も動き始めるのです。参加することに生きがいを感じられるからです。家の中でゴローっとテレビをみているより、みんなと動き、汗をかき、学び、歓談することは、誰にとっても楽しいことなのです。」

ひとたび動きの成果がいい面をみせ始めると、「こないだは忙しくていかんかったけど、次に私らに出来ることあったら声かけてネ」というつぶやき[11]が聞こえてきます。住民が自発的に共汗＝共感[16]的に動くことが人を変え、地域をふたたび蘇生していくことを、みんなが気づき始めるのです。

小屋づくりも、それまで寄って来なかった人々が参加しています。古い倉庫を解体して、寄合の小屋をつくるのですが、古いものを解くのはやさしいものの、古材をふたたび蘇らせるのは難しい……木と木のつなぎ方の順番や段取り等を、参加者たちは学ぼうとするのです。全てのものには生命があります。岡本さんは「ひとたび解かれた古いものがふたたび生かされて、新しい生命が付与されて喜こんどると思います」と言います。

岡本さんのお話には、「人は参加することを楽しむもの」と信じて地域の人々に寄せる優しさと、「古いものを甦らせると人もモノも喜ぶ」と思うことができる優しさの、二重の優しさが滲んでいます。

さらに岡本さんは、「新しい風」がまた地域に入ってきたことも高く評価します。一五年前から活動を続ける「可部カラスの会」事務局長の寺本克彦さんは、「ふたたびの宮」プロジェクト事務局長もつとめ、地域再生のプロセスを見守り方向づける役を果たしています。「ぷらっとホーム縁が和」の国松浩司さんは、地域の縁側としてのその場に人々が集うことを支え、

「ふたたび」プロジェクトと福祉のまちの育みをゆるやかにつなぎ、タテ割になりがちな「行政まかせ」にはない、柔軟な活動の担い手となっています。「縁が和」に大学の授業の一環として参加する文教大学の女子学生たちは、色々なイベントの支援者であり、地域のおじさんたちのアイドルでもあります。

コミュニティ「縁人」

今まで眠っていた人間的なタカラも、産物としてのタカラも、いっぱいあることが見えてきました、と岡本さんは言います。「今まで見えなかったものが、動くこと、つながることで見えてきます。動かんとイカン。あらためて感じることができるんです。」

そのなかでも、地域の最高のタカラは人間であると、住民自らが位置づけ、人と人のつながりを紡ぎ続けようとしています。定年後、職業でつちかった技を生かし地域でカメラマンとして活躍する小林さんは、「みんなが喜んでくれてうれしいです」とつぶやきます。自らの得手や特性をおすそ分けする、他者を歓待する・される関係に身をおくとき、誰しも、こうした優しさのやりとりは、人間の生命の営みの大切な原点であることに気づき始めます。人と人のご縁を生命のように大切にする「縁人」（エンジン）は、地域甦りの原動力としてのコミュニティ「エンジン」です。

地域のタカラ、人間のチカラに気づき、共にそれを育み合う活動、そのことをまち育てといいます。それは「いま・ここ」を全力で真剣に生きる生き方を、ふたたび気づかせます。まち育て「縁人」は「自分の魂を自分のものだと呼ぶことができ（……）友情をあたためることができ、自分のもっている創造的な衝動やヴィジョンに耳を傾け、注意を向け、その実現のための時間をもつことができる」（『ロロ・メイ著作集6　自由と運命』誠信書房、三三頁）人間の生命の営みをつづけるよう、促すのです。

人間のチカラを生かすコミュニティ「縁人」は、グローバル化の現代がつきつける拡散的遠心化の力に負けることなく、地域の内的・外的秩序の求心力を回復させ、地域の生き方に自分の生き方を重ねあわせながら、流動する世界にも開かれた生き方の可能性を秘めています。

26 プライド

詩人の和合亮一さんとご一緒した時、彼は語気を強めて、「今、福島の人々は誇りを失くしています。住民が誇りをもてるようにすることがまちづくりです。」と言われました。

なぜ彼は、あえて自らのふるさとである福島を、「人々は誇りをもてないでいる」と言うのでしょうか。それは、福島第一原発の撒き散らした放射能への恐怖だけではなく、それが自然と

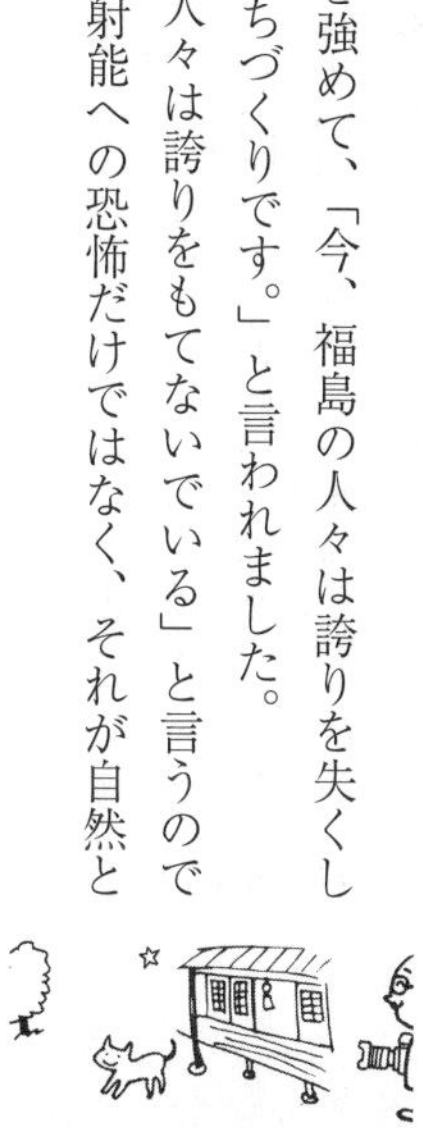

の通路・回路を絶ってしまっているためだと言います。「土にさわれない、洗濯物すら干せない」状況を越えて、人間と自然との共生のありかをさぐり、共生の関係を再創造することが、福島の生きる道ではないか、と彼は強調します。人々が地域に誇りをもって生きることができるためには、まわりの環境、とりわけ生命ある自然にかかわることです。生命の魅惑的なプロセスにかかわることです。毎日の暮らしの中での基本的な「かかわる」という行為を通して子どもが育ち、お年よりも生命を持続させることにつながります。自然や人間との多様な「かかわり」を積み重ねていくと、「私はまちに属している」という感覚の移行をもたらします。そのことを文章のない絵本[3]として作品化したのが、イギリス生まれで現在オーストラリアに住んでいる女性絵本作家ジェニー・ベイカー(Jeanie Baker)による絵本 *Belonging* (Walker Books, 2004)です。文章のない絵本なので、筆者が勝手に解釈を加えていくことになりますが、頁をめくる度に、主人公のトレーシーという女の子は二歳ずつ年を重ねていきます。

先ず〇歳の生まれたての彼女は、両親とともにまち中の荒れはてた庭付きテラスハウスに引越してきます。屋外の景観はケバケバシイ広告と騒がしい車の通行と事故った車が捨てられている空地……。まるで現代の日本の市街地のある典型が示されているようです。

四歳の時、隣りの男の子が、トタン塀の破け目から「トレーシー、いっしょに遊ぼう」と呼びかけてきます。呼びかける、応える、呼応する関係は、ヒトとヒトの間柄、ヒトとモノの関係のはじまりを象徴しています。

六歳、隣りの家のお父さんは、彼女に草花をくれます。幼ない女の子の背中には何故か羽根が生えています。窓辺の人形にも羽根。窓台にメモ紙があり、そこにはたどたどしい文字で「お母さん、私、空を飛んでくるね！」と書かれています。うすぎたない現実のまちを彼女は「かくありたい」の願いをもって空を飛びつつ、自らも「かく生きたい」の夢をふくらませることを示しているかに思えます。人生全体、まち全体を俯瞰しながら人の生き方とまちの生き方を重ねあわせようとの意思にひたされた想像力[2]の翼をひろげることの意味が語られています……。


一〇歳。窓外の路上ではそれまでの車がわがもの顔に走っていたのとはうってかわって、「車止まれ、ここは私たちの生活空間」という文字とともに、子どもと住民たちが路上で遊び憩っている姿がみられるようになります。

一二歳の時、地域住民とともに、トレーシーは家の前の空地に土をもちこみ、緑濃い場所に、コミュニティガーデンにとつくりかえていきます。途中省略をしますが、二二歳の時、家の前の路上でストリート・ウェディング・パーティを行ない、地域の人々に祝福されつつ人生の門出をむかえます。二四歳。新しい生命を授かった二人は両親に報告にきます。「私たちはこのまちに住みつづけたい。このまちで緑をビジネスにして、このまちを森のようにしたいの

……」そして、この絵本は閉じられます（写真）。
　裏表紙では、本文中では一貫して中古車売場だった場所が「トレーシーの森」という店に変わり、彼女の夢の実現をにおわせています。冒頭の画面の無機的で荒廃と乱雑さの否めない都市空間が、最後の画面では有機的で多様な生命色に染めあげられた、柔らかい風景に変化しています。ドイツのイエルク・ミュラーの絵本『変わりゆく風景』が、開発一辺倒によって、自然いっぱいの子どもの生活空間が台無しにされていくリアルな現代都市批判であるのに比べて、この本は、子どもの視点から、現実の困難きわまる都市環境を変容する・育む可能性を語りかける希望の絵本です。文字がない故に、見る者に自ら物語りを喚起させ、子どもも大人もひとりひとりが物語り[1]的に生きることの重要性を示唆しているのです。タイトルの *Belonging* は、直訳的には「帰属する」という意味ですが、この絵本の内容全体からして、*Belonging* とは次のことを指しています。即ち、人々は地域の来し方の歴史とそこに生存していた（いる）生きもの・自然とのつながりの中で誇りをもって生きることができる。人間はまわりの環境との相互帰属のうちに生きる存在で

あり、人間・環境が共に帰属しあう、人もまちも共に育ちあう――子どもの視点からのまち育て[25]の原意を *Belonging* はそう語るのです。

その実現のためには、身近な環境に子どもの頃から自ら日常的・多面的にかかわりつつ、自己の人間的成長とあわせて、まち環境そのものも変化・成長していくまち育て活動が、地域住民によってなされていくことが大切です。*Belonging* に示されているように、子どもの視点からのまち育てを大人たちが地域に密着してすすめていく時、子どもはまちの生き方に誇りをもって、自己の生き方を重ねていきます。

福島にあっては当面、子どもと自然と地域の共生の関係を取り戻す「安心広場」「安心の森」を整備することとあわせて、この絵本のように、困難はあっても子どもの育みと地域の育みをまちing（マッチング・符合）させることによって、福島のプライド・オブ・プレイス（誇りにみちた場所）を回復再創造する道がひらかれていくでしょう。

27　ていねいに生きる

美しいものを

写真1

写真2

信じることが、
いちばんの
早道だ。

ていねいに生きて
行くんだ。

（「出発点」『淵上毛錢詩集』石風社）

愛媛県伊予市の郡中湊町は、大洲藩時代のまちのたたずまいを残しています。タカラものがいっぱいのまち――例えば、町家・酒蔵・芝居小屋（これはなくなって路地の飲み屋等）の並びの中に百年以上をていねいに生きてきたはかり屋さんがあります（写真1）。米騒動（大正七年）のときに被害にあった「米ます」も残されており商いの長い歴史が感じられます。

先日（二〇一二年八月一一日）、そこを通りかかりましたら、その店のアルジは、店の土間で時を忘れて無心に本に読みふけっておられます(写真2)。軒先の温度計は三一度を示しています。店内には「はかる」道具がいっぱい。
突然の訪れなのに、快く応対して下さるご高齢のはかり屋のアルジの眼差しの中には、次のようなことが問わず語りに語られているように思いました。

今、行政は何でも成果をはかろうとしています。特に「コスト・パフォーマンス」や「コスト・ベネフィット」といって、投じたお金に対して、計量的に測定できる成果を求めがちです。「ギョーカク」(行革)という名のもとに、ものごとの判断を「モノ・カネ・セイド」に追いやってしまいます。おカネの節約をするにこしたことはありませんが、住民が自分のまちに安心と愛着をもって住み続けるには、カチが大切なのです。なぜならば、私たちはこのまちの道の曲がり具合、土間に吹きわたる風、町家の坪庭と座敷のつながり、人々の声のかけ合い、等々のたくさんの心地よさにつつまれていることを、ひとりひとりが生きるに価するネウチと思っているからです。小さな美しい心地よいものが充満しているこのまちで、私はていねいに生きてきました。ていねいに生きることは、「モノ・カネ・セイド」主導ではなく、「ヒト・クラシ・イノチ」を尊重することです。カチを大切にする戦略性をもって、評価や効果測定がなされるべきです。

今、まち中に文化ホールや図書館を住民みんなでつくりたいと声をあげています。行政は、東京のコンサルタントに計画づくりをまかせているようですが、何がこのまちの価値かを熟知

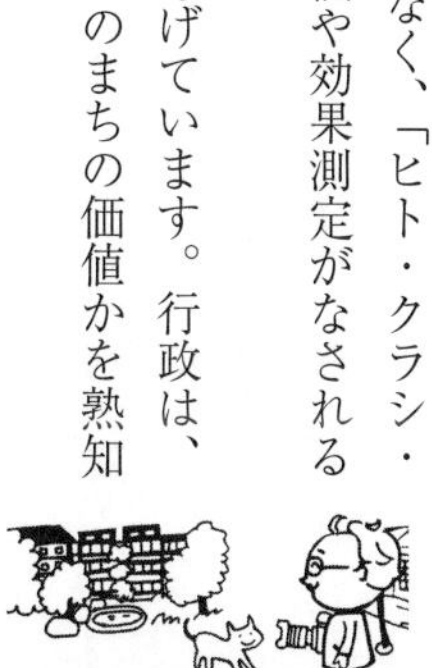

している私たち住民が計画づくりに関わるのが筋だと思います。なぜならば、住民が主人公になってまちを育むことはこころのハカリをもっている人々が関わるから、専門家まかせによるただの固いモノができるだけではなく、人々の心に届く柔かい場所が生まれ育つ可能性があるからです。私の店はお米から温度まで何でもはかる道具を扱っていますが、時代はこころのハカリを求めています。

カネの効果をはかる物差しも時には大事ですが、もっと生命のように大切なのは、住民がていねいに日々を生きていくカチをはかる物差しなのです。それは、このまちの美しいもの、心地よいもの、時を経て尚ネウチが輝くものを、「風」の人と「土」の人がいっしょになってタンケン・ハッケンすることです。あらためてまちのタカラのタンケン・ハッケン・ホットケン[13]の一連の「楽しいパフォーマンス」は、「コスト・パフォーマンス」を越えて、ひととまちが木霊しあう関係を育むことになります。

モノのはかりとココロのはかりのバランスをもって、ていねいに生きる――このことは、ひともまちも育ちあっていく基本のキだと思います。

ところで、なぜこれまでそのことが疎かにされていたのでしょうか。明治以来の近代化過程における地域社会の発展の目標は、国家という全体社会の発展の価値基準に合わせることでした。それは端的にいって効率・経済・競争の物差しに集約されてきました。このような物差しの支配する社会的理想に、部分社会の地域は引っぱられてきました。その結果、中央に富も人も活力も集中し、地方は疲弊に追いやられ、「限界集落」という言い方そのものにあらわれているように、全国各地に地域の衰退・死滅を実感させる状況をおしひろげてきました。

伊予市も中心市街地の衰退と郊外化、「合併」による広域化の進行の中、同様の事態がみられます。しかしそれに抗って、今、まち中も郊外の各地区も、等しく自治を担う「ひと」「まち」を育む機能を向上させる必要性と可能性が高まっています。そのためのひとつの重点政策として市民文化創造の場づくりを目指そうとしています……(彼の胸中に去来するふるさとへの思いを、このように推察しました)。

さて、このような動向の中で、はかり屋のアルジの生き方こそ特筆すべきタカラなのです。何故ならば、彼は「自分時間」という「自分本来のあり方で有る時間であり、生き物としての我々人間にとって本来的な生活動の時間であり、自分の生の本体とも言うべき時間」(鬼界彰夫『生き方と哲学』講談社、一三二頁)をていねいにいきてきているからです。これまでの社会発展の「理想」や「理念」は、「自分固有の観点を捨て、他人と共有可能な基準(客観的基準)に立脚しようとし、その結果として自分時間を破壊すること」(同前、一三三頁)をもたらしてきたのです。全体社会の理想・理念が大きくゆらぎ、部分社会の破壊が進行している今、ひともまちも、部分社会固有の自分時間にこだわった生き方を自信をもってすすめていくことが肝要です。

郡中のはかり屋のオヤジさんの、自分時間を大切にしている、即ちまちとしごとを愛するひたむきさと、時を継いでていねいに生きることは、まさに自分時間を守りつつひともまちも木霊する場を持続してきたことを示しています。とともに、新しい状況の下で住民・行政協働のまち育て[25]をすすめる正当性の根拠は、ひともまちも「自分時間」を大切にする、ていねいに生きることにあると考えられます。

この日、地域住民が主催する「伊予市のまちの将来&文化施設を考える」フォーラムでは、私は冒頭に先のようなことを述べ、岡崎市図書館交流プラザ「りぶら」の出来るまで(ワークショップ[22])の幻燈会[4]を行い討論が進行しました。

参加者の主な反応をアンケートにみてみますと、

「まち中に、便利で使いやすい施設を渇望しています」(住民)

「「いけてる議長」のファシリテーション[23]力の存在確保。人材が必要」(住民)

「まちの活性化には、各機能の分散化をし、まちに流れをつくってはどうか」(専門家)

「行政 vs 市民にならないような話し合いや受け皿を作りたい」(行政)

等の意見がありました。

最後に、私はその場の話し合いを通してインプロヴィゼイション、即興的にこれからのすすめ方のキーワードを束ねました。

・いきのいいまちのタカラを生かし、人々が日々気分よくすごせるみんなの居場所を創り育もう
・喜ばしい市民参加とは、つぶやき[11]の響きあう場づくりへ
・食べることや伝統芸能を生かすコンパクトな性能のよい文化ホールづくりへ
・分散か集約か、まちの元気を呼びさます観点から知恵を分かち合おう
・輝くカチあるものをカタチにし、人を育む仕掛けを
・総じてつぶやきの中の輝く言葉を発見し意味づけるファシリテーターをまきこもう
・ぞうっとする様なトラブルをエネルギーに変えよう

ファシリテーター（いけてる書記さん、名畑恵）は、その日の参加者の発言を要領よくまとめ、その日の成果と次なる方向感を分かちあえるという「ていねい」な支援を担いました。

私は、七行の頭文字をすくいあげ、たてに韻をふんでみました。そうすると、会場から笑い[7]と拍手がまきおこりました。参加者の発言の意味あることをていねいに言葉化し、記憶にとどまるように束ねる「ていねい」さは、参加者それぞれに自分時間と生きる感覚とやる気を喚起したように思います。事実、行政担当者は「「いよしぶんかそうぞう」はいただきました！」とつぶやきつつ会場を去りました。

「(コンサルがつくった)あることになっている基本構想」を、住民参加によるみんなが共感をもってむかえる「ていねいな基本構想・基本設計づくり」へと、行政がギアチェンジすることは果たして可能でしょうか。このまちにていねいに生きる、自分時間を生きるひととまちが木霊しあう関係がどのように育まれていくのでしょうか。見守りつづけたいと思います。

28 コーポラティブハウジング

中庭に四匹の鬼が勢いよく飛び出してくる。ウォーッ！ 突然泣き出す子、ゲラゲラと笑い出すお母さん。大きな子は一斉に「鬼は外！ 福は内！」ある年の二月三日節分、ユーコートの中庭の光景……。

ユーコート(写真)とは、京都の市民四八世帯が「都市にふるさとをつくろう」の合言葉のもとに、住み手が主人公となる住まいづくり・コーポラティブ住宅のことです(一九八五年一一月竣工・入居)*。そこで育ったTさんは次のように綴っています。

「私は、ユーコートからいろんな影響を受けました。人の輪のなかに放り込まれても人見知りせず話ができたのは、ユーコートに来てからです。毎日中庭で、異年齢の子どもたちだけでなく、まわりの大人たちともふれあうことが多かったので、おのずと人見知りをしないで自然に他人と接することができるようになったのかもしれません。

最近、ニュースで子どもの虐待や高齢者の孤独死などが多く報じられています。でも、ユーコートでは、絶対そんなことにはならないと思います。一歩外にでると誰かに出会い、気軽に

話ができる関係があるし、なにかあった時は協力してくれます。それは、ユーコートに帰ってこれから母親になるという時に、すごく心強く思いました。実際、子どもを産んでからも、近所の人になにかと声をかけられるし、安心して育てています。高齢者についても「最近あの人見てへんけど、どうしてはるかな？」って様子を見にいくし、子育てとまったく変わらないと思います。」

また、シングルマザーによって育てられたY君のつぶやき。

「子どもの頃、中庭の池が大好きやった。月一回池の掃除で鯉をかい出す時、胸にだきしめた。その時、ぼくの身体に生命がドーンと入ってきた。僕の親父はおらんかったけど、よそのお父さんが「この頃エエ顔つきになってきたナ。元気でやれ

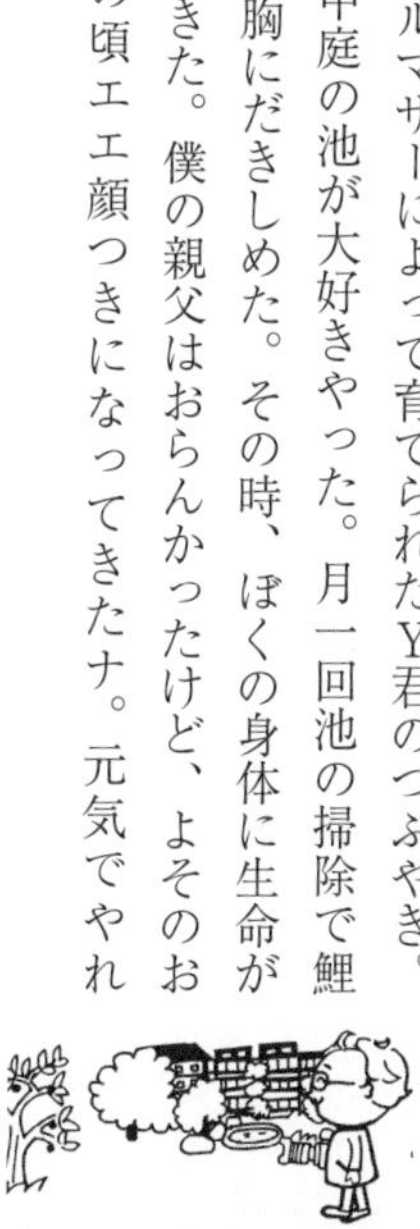

ヨ！」と励ましてくれた。こんなユーコートを僕の子どもにも経験させてやりたいから、結婚してもここに住み続けたい……」

ユーコート育ちの若者の言葉を通して、子育て環境としての住まい・まちの条件があぶり出されています。

第一に、中庭という人々が自ずから出あえるコモンスペース（共用空間）。第二に、身近なところに生命環境があり、土・水・魚・緑・花・鳥などの自然の魅力を感受しながら「センス・オブ・ワンダー」が育まれること。第三に、日常的に気軽にまわりの大人たちともふれあえ、アロマザリング（子どもを取り巻く母親以外による世話行動のこと）**環境があること。第四に、「ソーシャル・アンクル」（社会的おじさん）「コミュニティ・ペアレント」（地域親）とよばれる父親たちの活躍があること。第五に、全体からおしつけられた固い共同ではなく、私から発する柔らかい協働のしくみが時をかけて育まれること。

入居前からユーザー間で学習し、議論したことを設計・居住・管理等に生かしていくコーポラティブ住宅は、このような共用領域・生命環境のハード面とゆるやかな人間関係のソフト面が相互に浸透し合う場を生み出しうるメリットがあります。もちろん私的領域の間取りをそれぞれのライフスタイル・好みに応じて自由設計できることもコーポラティブ住宅のメリットです。メリットがあればデメリットもあるはずです。デメリットといえば、参加によるテマヒマがかかることですが、テマヒマかかることが、住み手達が「何を目指して共に住みあうのか」の価値や意味を学び合うことと、内外空間にわたって誇るに足る個性的な住み場所を生みだすことにつながるのです。コーポラティブ住宅の短所は長所に転化しうるのです。

ところで、ユーコートは入居後二五年ほど経過したところで驚くべき出来事が起こりました。分譲マンション竣工・入居後二五年も経過すると、少子高齢化の現象が際立ち、かつ空家発生に対しては不動産市場に委ねられます。しかし同じ持ち家共同建設のユーコートでも少子高齢化が目立ち始めましたが、居住者構成の多世代バランス化を求めて、空家が発生すると第二世代優先の入居管理ルールに変えました。そうすると、ユーコート育ちの若者が子連れで五世帯もユーコート内に住むようになりました。さらにユーコート居住両親との同居はできないがため、隣接するUR賃貸住宅にユーコート育ちの子育て真最中の五家族が引っ越してきました。四八世帯のユーコート内と近くに、計一〇世帯の第二世代がふるさとを求めて帰ってきたのです。これまでふるさとは遠くにあって思うものとされてきましたが、都市にふるさとが成り立つことが明らかとなりました。その際のふるさとは、昔の田舎のそれとは違い、先にあげた五条件を備えたふるさと（風がふきぬける共用空間、子どもと小動物はみんなに育てられる、スマートな個人主義と豊かな協働性の結び合い等）です。

またK君はこう述懐しています。「自分自身の調子のいいときは近所のおじちゃん、おばち

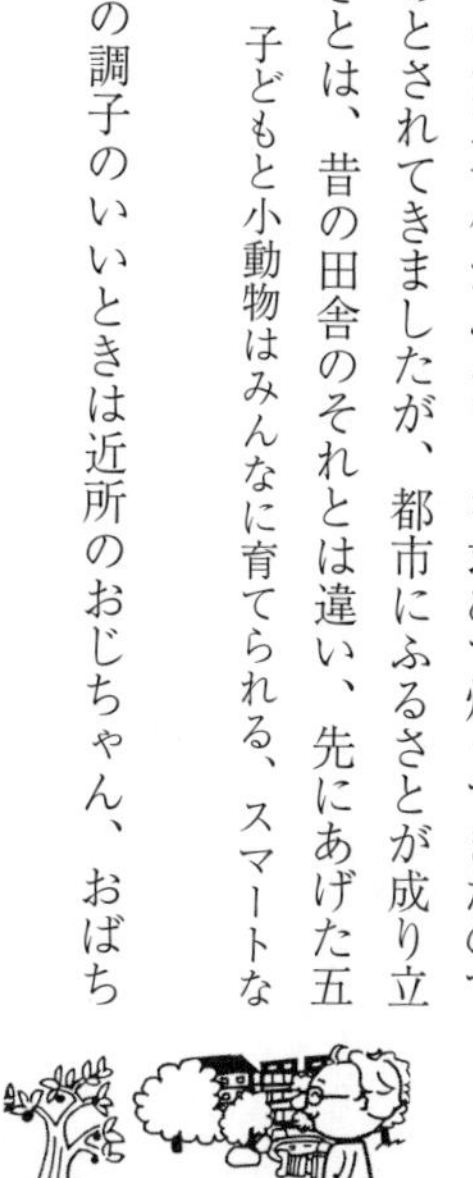

ゃんのズケズケとした質問も楽しいものだと感じるが、調子の悪いときは容赦なく声をかけられ、苦痛に思うことがあった。何で中庭を通らないと外に出られない構造になっているんだとユーコートの設計に軽く恨みを抱いた。なぜ、家族より近所のおじちゃん、おばちゃんにプレッシャーを感じていたのか、そんな時期をすぎてめでたく資格も取り、仕事にも復帰できた今は、たまにユーコートに戻ったとき、中庭の木々や花々、池の魚を眺め、ムダにゆっくり歩いて中庭を満喫しています。」このことで自分自身の調子がよくなったんだなあと素直に感じている、というふるさと感が何よりユーコートのユーコートたる存在を表していると思います。ここには「私」発の感覚を大切にした「坑道」を通らなければ、「私たち」のコミュニティの「鉱脈」に達することができない、即ち「私発協働」[10]という現代のコミュニティデザインの重要なキーワードが潜んでいます。

「私発協働」の住まい・コミュニティを育むコーポラティブハウジングは、一九七四年から始まり、二〇一三年までに約一万戸が、東京・大阪中心に建設されてきています。子育て、高齢者福祉、自然との共生、創造的余暇等にわたる生活的・社会的効果が大きいわりに、建設戸数が小さい理由は、主に地価の高騰と参加のデザインへの政策不在にありますが、いまひとつは、住み手参加への[12]市民側の無関心や冷笑的《シニシズム》[35]態度もからんでいます。暮らしとまちの再生・再創造には、市民の参加意識と行動を育む時間のデザインの仕掛けが基本的に必要です。

＊　乾亭・延藤安弘編著『マンションをふるさとにしたユーコート物語――これからの集合住宅育て』昭和堂、二〇一二年
＊＊　根ヶ山光一・柏木恵子編著『ヒトの子育ての進化と文化――アロマザリングの役割を考える』有斐閣、二〇一〇年

29　コレクティブハウジング

食と笑いと安らぎを分かちあう

ある年の節分の日、「コレクティブハウス聖蹟」を訪れました。コモンキッチンでは、三〇歳代の男性がめざしを焼き、おばさん二人が恵方巻きをこしらえていました(写真)。コモンダイニングに集まった二十数名の住み手たちは、恵方神の方向に向かいいっせいに恵方巻きをほおばりました。次の瞬間、くずれるように思い思いのふるまいに。まとまりと自由がゆるやかにつながっています。この賃貸住宅のオーナーの小林攻洋さんは、新潟の銘酒をぶらさげて入ってきて、オーナー・ユーザーの親しみ深い歓談。七〇歳代の単身の男性が若い人と酒をくみかわす側で、幼い子どもの顔には鬼のお面

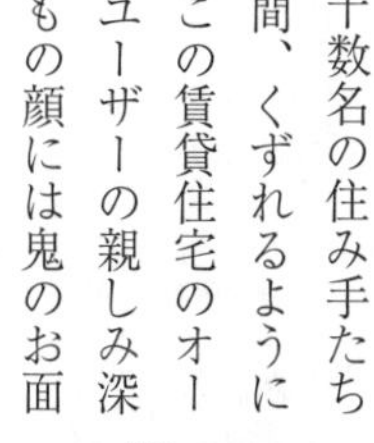

……。爽やかにして心愉しい時の流れがあります。

また別の日の「かんかん森」の夕食時。豚のソテーやおいしいシチューや野菜サラダ。とても四〇〇「森」(かんかん森の通貨単位、円)とは思えない安さと美味しさです。ビールもワインも。食後若い男性はお年寄りの男性の肩もみを始めます。笑いがはじける……。仕合わせと優しさが融けあう場の生成です。

コレクティブハウスには、多世代が混ざりあい、異質な人々が週三~四日共に食べあい、ほどよい距離関係の中で響きあい、笑い[7]と安らぎを分かちあい、ゆるやかな友愛の関係が日々紡ぎだされていきます。食べることは、孤立した個人を結びつける究極の絆をもたらします。日常の会食は、非日常の祭り[8]のように相互に歓待しあう関係を育みます。

「友愛」の時代の住まい

二〇世紀は「平等」を理想として選んだ時代ですが、二一世紀は「友愛」の理想郷を目指す時代であると、フランスの百科全書的知識人のジャック・アタリはいいます。「平等」の時代は「万人」向きのしくみ・制度を確立してきましたが、「友愛」の時代は「You & I」向きのムーブメントを志向します。

公共住宅と民間住宅、持家と借家、一戸建てと集合住宅、高齢者住宅と一般住宅、等と住宅を在来的二分法の中で捉え、「平等」「制度」の形式の中におさめるのではなく、住み手のよりよい生き方(Well-being)や生活の質(Quality of life)において何をめざすかの目標と手段系を、人間・地域・環境の文脈と多様な主体の「友愛」「協働」の実質的動きの中で実現していく「コレクティブハウジング」は、「第三の住宅」と位置づけ方向づけられます。

コレクティブハウジングとは、平たくいえば、専用住居群の間にコモンスペース[6]という逃げ場・息抜きの場があり、とりわけ食事運営を共にすることで集まって住む楽しさを分かちあえる自立共助・多世代居住の居住者参加の住まいのことをいいます。

トラブルをエネルギーに変える

制度的・経済的アプローチは、合理的システムの運営上たて割となり、高齢者・子どもを分け隔てします。しかし、友愛的・生活的アプローチのコレクティブハウスは、多世代混住、おひとりさまも母子世帯も混ざりあって住むことを目指します。そこにはわずらわしさやトラブルの発見が待ちうけています。性悪説をとる制度的アプローチは、わずらわしさやトラブルを回避しますが、性善説の立場に立つ友愛的アプローチは、わずらわしさ・トラブルを楽しさに変えます。コレクティブハウス聖蹟の七〇歳代単身男性は「赤ちゃんがいるのが面白い」と。「赤ちゃん

の泣き声が状況によって違うことを発見したり、見ていて楽しいんです。」という発言には、住むとは、現在住戸の中にコクーニング（殻に閉じこもる）をよしとする状況もありますが、むしろ他者との関係を楽しむことに人間的居住の原則があるということが語られています。原則を問い直すことは、たぶんに闘い、夢みること。闘いと夢は矛盾することではありません。

トラブルやわずらわしさとの闘いをエネルギーに変える余裕や寛容の気持をもつこと。多世代混住の小さなトラブルからＤＶやいじめ等の人災、地震・台風等の自然災害に至るまで、多様な困難に直面する現代、それは生きる上での原則といってもよいでしょう。

魂の荒廃から崇高な意志まで、現代の混沌がモダンジャズの不協和音のように鳴り響いている中、ときにホッとするような協和の音色も聞こえる暮らしを、多世代共住が分かち合える可能性があるのです。

実現のしくみと担い手

こんなステキな住まい方・生き方をもたらすコレクティブハウスの実現の道は如何にして可能でしょうか。『第３の住まい』という本は、実践事例を通して次の三点を示唆しています（小谷部育子＋住総研コレクティブハウジング研究委員会著、エクスナレッジ）。

第一に、地価の高い日本にあって、その実現には二つのコツがあります。ストックを活用すること（既存建物のコンバージョン）と、地主参加のプランニングで地価に振り回されない賃貸に徹すること、です。前者は巣鴨や大泉学園、後者は聖蹟の例があります。

第二に、事業主さがし、そしてユーザーと共に学習・企画・計画・建設・運営を伴走できるコーディネートのしくみの存在。CHC(NPOコレクティブハウジング社)が、その成立の全過程に、ミッション・パッション・ソロバンのバランスある関わり方をしています。

第三に、その担い手・コーディネーターのセンスとスキル。住み手参加のコレクティブハウスをお世話するコーディネーターは、共に住むこと、共につくることのソフトとハードに情熱的に専心し、難題に楽しく向きあう勇気と節度をもち、空間づくりの大枠から細部に至るプランニング&デザインに密度の高い仕事をしていきたいものです。

高齢少子社会におけるハウジングにふさわしい「自立共助、多世代居住を楽しむ」コレクティブハウスを、今後各地でひろげていくためには、いくつかの重要な課題があります。

社会住宅としての政策的支援

第一に、社会住宅政策の確立。コレクティブハウスは、住宅政策面だけでなく、高齢者福祉、児童福祉、環境共生、防災まちづくり等多面的な公共性があります。高齢者住宅だと、融資や税制などの優遇制度が受けられますが、福祉的まちづくり的貢献のあるコレクティブハウスには何の補助もありません。その多重の公共性とユーザー参加による責任ある自治の両面から、公共住宅でも民間住宅でもない「第三の住まい」=社会住宅として位置づけ、欧米のように政

策的支援が充実することが待たれます。

第二に、そのモデル的実現として、当面群馬県の住宅供給公社によるコレクティブハウス「多機能公社賃貸住宅」プロジェクトを成功させ、その内実を政策的に評価し、第一の課題につなぐとよいと思います。

第三に、東北にあって災害公営住宅等の復興ハウジングにコレクティブハウスを、地域の文化・住民のニーズにみあった形で実現することにより、新しい時代の社会住宅政策の道をひらきたいものです。

30　ホットプレイス

パーキンソン病の近間英俊さんは、毎日夕方、犬の〝さくら〟を連れて散歩に出ます。さくらは、番犬として連れてこられましたが、今では「グループハウス尼崎」の高齢者たちのアイドル。とりわけ、さくらは近間さんにとって、ともに生きる仲間。

「グループハウス尼崎」は、尼崎市役所のすぐ近く。施設でも住宅でもない、一八人の一人暮らし高齢者の協働居住の場所です。一九九五年の阪神・淡路大震災の直後に生まれた「二四時間ケア付き仮設住宅」のうち二つが統合されて、「尼崎災害復興グループハウス」として一九九八年九月にオープン。災害復興基金から一億一〇〇〇万円出して兵庫県と尼崎市が建設し、特別養護老人ホーム・園田苑が運営しています。入居者が格差のない恒久住宅へ移ることを前提にして建てられており、五年をめどになくなることになっていましたが、二〇〇三年、存続が決定。それは、超高齢者と認知症高齢者がお互いの持てる力を1＋1＝2以上にしうる「協働居住」の住宅と福祉の絶妙な統合形態の住まい方です。

　吉田朝子さん（当時・八一歳）は「ここは出たくない。歳いったもんが元気やから。若いもんより元気。一カ月でも特養に入ると、なんでもヘルパーさんにしてもらうさかいに、からだアカンようになる。マンション（恒久公営住宅）はオリのなかに入れられたみたいに、まわりとの関係がたたれるから元気がなくなる」とつぶやく。

　ここは典型的な〈ホットプレイス〉、住み手を温かく包み込むような、ホッとする安心居場所なのです。「グループハウス尼崎」が〈ホットプレイス〉であることの第一の条件は、住み手の自立・自律の尊重にあります。食事ごしらえ、後片付け、洗濯物をたたむことなど、すべて入居者が基本的に自分でやっています。八七歳のパーキンソン病の松下ひさ子さんも、自分で食事の準備をしたり、食器を洗ったりしておられます。しかし、野菜をきざんだり、細かいところを洗ったりはできない。それは職員が支援することになります。

中村大蔵さん（園田苑施設長）は、松下さんが病院から帰ってきた時のことを「見るも無残な姿だった」と言います。入院中に生活する残存能力が奪われたのに対し、ここでの暮らしは「生活そのものがリハビリ」と彼は強調します。認知症の立田実子さん（八三歳）は、毎日自ら買い物に行く。毎夕犬の散歩をする近間さんは、時おり中村さんと赤ちょうちんに飲みに行く。そのほか、毎週一回の音楽セラピー、編み物教室、絵手紙、書道、ペン字など、これら遊びに満ちた生活体験の積み重ね、「リハビリ」ならぬ「アソビリテーション」があります（写真）。

第二の〈ホットプレイス〉の大切な条件は、相異なる様々なレベルをぶつけ合うことで得られる会話のよろこび。中村さんが廊下で入居者と出会った時の二人のやりとり「あなたの側にずっといたい」「なに、ソバ食いたい？」「あなたの側でソバ食いたい」。吉田さんは、「八十年も生きとったら我が強い人、認知症の人……、いろんな人おるけど、お互いに歩み寄って生活していってる。耳の聴こえない人同士がしゃべりあっているのは、漫才を聞いているみたいにオカシイ。」「人は、言葉によって自分の気持ちや意識を表現する。それは、人の内側からの生きる力を生起させ、はずませる。」と言います。

第三は、「送り方のデザイン」。入居の年の暮れ八二歳で亡くなられた宮内松子さんは眼が見えなかったのですが、「連れられて　花火見る夜の幸せに　老いゆく我は　今年は最後」（露路）とうたい、職員が書きとめました。お通夜には遺影と花がリビングに飾られ、翌朝みんなに玄関から見送られました。四十九日も一周忌もここで行われ、故人の希望通りに、散骨されました。まわりが見守り見送るやり方に接して、吉田さんも近間さんも「ホッとします」。

第四に、空間構成。①各自がトイレ、洗面、収納、前室付きの六畳の個室に住め、個人の尊厳ある暮らしが確立。②一八戸という人間的スケールが、入居者同士、ヘルパーとのふれあいを生み、職員間の派閥は生まず、行事は機動的、地域には溶け込みやすい、他者（ボランティア）が気軽に入れるメリットを生む。③二つのＬＤＫ（ダブル・リビング）により、食事と制作、動と静、日常と非日常、など異なった活動の場を整序。④内と外の境界にウッドデッキの中庭を置き、地域とのつながりの場を生み、開かれた場。⑤平屋で、水平移動だけで入居者同士・ヘルパーとの交流がスムーズ。――こうした条件をみたしています。

第五に、高齢者の元気を引き出すヘルパーの存在。スタッフたちは、多様多彩な声かけ、話しかけ、冗談のやりとりのなかで、高齢者たちが相互に話を通じてつながりあう生活文化を高

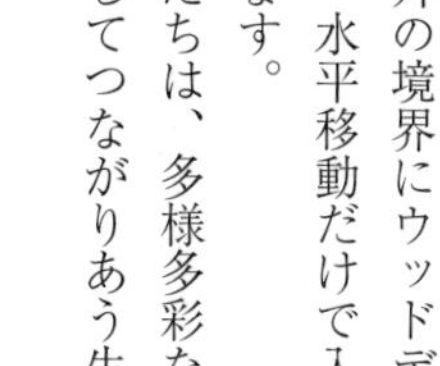

めるとともに、生きる力と元気に火をともすファシリテーター。[23]

第六に、住まい方の思想をコンセプチュアルに問い続け、実践を重んじる牽引車の存在。中村さんは大学の卒業論文で「見て楽しいだけではたしていいのか、住んで楽しい都市を求めたい」と卒業論文を自分の生き方宣言にしました。その思いの実践が一九八八年の阪神共同福祉会の設立以来つづけられ、グループハウス尼崎に結実しているのです。

住宅と福祉の精妙な結び合わせとしてのグループハウス尼崎の制度化と普及を願わずにいられません。

因みに、中村さんは三・一一以降二五回被災地に出向き、「グループハウス」の紹介に努めています。石巻仮設団地内に「グループハウス尼崎」をモデルにした福祉施設「あがらいん」がオープンしています。被災地に、ぜひ「あがらいん」に続く第二・第三の「ホットプレイス」を実現させたいものです。

31　ファーマーズマーケット

私が千葉大学で教えていた佐藤亮子さん(現・愛媛大学准教授)から、ある日彼女の著書とお手紙が届きました。彼女は学生の時から「都市と農村がともに輝くまちづくり」にこだわっていましたが、その成果『地域の味がまちをつくる――米国ファーマーズマーケットの挑戦』(岩波書店)が出版されたのです。アメリカを訪ね歩くうちに、ファーマーズマーケットという場が、都市と農村をつなぎ、コミュニティの絆や新たな活動の創出にもつながっていることを知りました。都市の発展には、その周囲に、都市住民の食糧を供給する農業地帯の存在が欠かせず、一九世紀イギリスでロバート・オーウェン(Robert Owen)が描いたニュー・ハーモニー村や、ジェイムズ・シルク・バッキンガム(James Silk Buckingham)が構想した理想都市ビクトリアでも、農業や農地が重要視されています。そして、古代アゴラを引き合いに出すまでもなく、「市場」は長らく政治や経済、文化の中心でした。ファーマーズマーケットの取材は、在学中に学んださまざまなことの再確認の機会でもありました。

なかでも佐藤さんにとって印象的だったのが、ニューオーリンズ(ルイジアナ州)でファーマーズマーケットを運営するＮＰＯの事務局長・リチャードが教えてくれたアメリカのことわざだったそうです。佐藤さんの手紙にはこうありました。

「「レモンをレモネードに変える」この言葉を聞いた時、私は思わず、「トラブルをエネルギーに変える!」と声をあげてしまいました。そうです。延藤先生の講義で、演習で、著書で、何度も聞いたあのフレーズです。リチャードは、大きくうなずいていました。彼らも、制度や

規制、慣習など、さまざまな壁に直面し、トラブルをエネルギーにしながら、ファーマーズマーケットを開設し、発展させてきたのです。」

私は佐藤さんの本を、「対象としての農家市場」の分析ではなく、育む、食べる、生きる、営む、楽しむなどを生き生きとつなぐ「方法としてのファーマーズマーケット」の創造的解読の書として、感銘深く読みました。

農と食をめぐる「アメリカ的モデル」は、大量生産・流通の効率的システム化により生活者を「食べる消費者」にしてしまうことを、そしてファーストフード隆盛と世界のマクドナルド化をおしすすめています。しかし、ファーマーズマーケットは同じ国の中から農と食をめぐるもうひとつの「アメリカ的モデル」を育くんでいるのですネ。ファーマーズマーケットは「複数軒の農家が自分の農場で作った農産物を持って集まり、消費者に直接販売する場所のこと」であり、「中立的組織のもと、自治的に決めた規則や規準にのっとって運営される「パブリック」なものである」ということを前提にしつつ、それは同時代の日本の農と食とまち育てに、次のような重要な課題を投げかけていると感じました。

第一に、複合的な「異他なる場所」としての可能性。即ち、それは農産物の直販所に加えて屋台での食事提供も、音楽演奏などのイベントも伴う、市と屋台と祭りのゆるやかなまざりあいの場です。日本には全国一万六〇〇〇軒余りとも数えられる直売所があるらしいのですが、曲り角にきています。単に農産物を買うだけでなく、その場所で食べる、聴く、対話するなど、お客さんが多様に楽しめる場所となっていることは、わが国の「食」による地域産業振興のまちづくり成功例に共通する特徴ではないでしょうか？

異種交配のある活発な愉快さが次々とおこる場、「豊饒なカオス」の可能性をふくらませるところに、ファーマーズマーケットがまち育ての具体的場所になっていることをうかがわせます。

第二に、ウィンウィン（WIN WIN）の関係づくり。たとえば、地域の企業が「コミュニティに何かお返しができること」としてファーマーズマーケットを開く場所（駐車場等）を提供するならば、農業関係者たちとまちの両方を元気づけることにつながる。このことは示唆的です。「ファーマーズマーケットはコミュニティに個性をくれた」「コミュニティに小規模事業の後援者（パトロン）になる機会を与えている」など、ファーマーズマーケットとコミュニティの両方が共に得する関係づくりは、わが国の都市の中心市街地活性化にも有効な手法です。

第三に、生活者のライフスタイルへの気づきを促すこと。全体に「プレタマンジェ」（レトルト食品や惣菜など、お持ち帰りできる出来合いの食品、フランスの服飾用語プレタポルテを連想させる語呂合わせ）全盛の時代が到来し、家族が食卓を共にし対話し、「食べながら個人の全人格が形成される」ライフスタイルは崩壊しています。

フランスの社会学者のジャン＝クロード・コフマンは、生の野菜・食材を台所で調理することは「生の実感」を享受することであり、それが食べる喜びとコミュニケーションの愉しさにつながることを指摘し、その喪失に警鐘を鳴らしています。この意味でのくらし方の見直しに、ファーマーズマーケットは効を奏するでしょう。それはまた化学肥料を使わない有機野菜を食べることによって、健康な身体を養なうくらし方にもつながるでしょう。

第四に、人間の生き方を支援する社会的仕掛けとなること。「パスタが私の人生」と語るJ・ディビスのように、一〇代で二人の子どもを抱えた路上シングルマザーは、ファーマーズマーケットという場とNPOの支援によって、パスタの料理法からパスタ販売の会計学まで学び、さらに「全粒粉パスタ」の研究・開発にとりくみ、事業リスクを自ら背負いつつ子育てにも自信をもって生きようとしている――こうしたルポは、ファーマーズマーケットが人の生き方を変えうることを伝えています。佐藤さんの本の中でも、ひときわ生彩を放つ部分です。わが国のニートやシングルマザー等の就業支援、健やかな生活づくりという課題からも注目されます。

第五に、ヒト・モノ・コトの相互作用の場所となること。佐藤さんからの手紙に「顔を合わせ対話することにより、両者に、また空間に何か不思議なエネルギーが発生するのではないか。このエネルギーを地域づくりに活かせないかしら……」とあり、共感[16]を覚えました。ファーマーズマーケットのような市・屋台・祭りの複合する場所で、売り買いの言葉の交換や、かすかな笑いの感情の連鎖や、他者とのふるまい・行為が共有されることで、そこにいるひとりひとりの内側に生きる実感がわいてくるのです。

モノの豊かさの反面、ヒトは「生の実感」(ココロの豊かさ)の欠如を感じることが多い高度に発達した技術文明都市。そこで「生の実感」を再び高揚させるために、生き生きとした私の回復・再創造の場所が求められています。

西田幾多郎の語る「場所の哲学」を参照しますと、「我とは主語的統一ではなくして、述語的統一でなければならぬ、一つの点ではなくして一つの円でなければならぬ、物ではなく場所でなければならぬ」とされています(『西田幾多郎全集　第三巻』「働くものから見るものへ」岩波書店、四六九頁)。

ファーマーズマーケットは、食材という物の売買空間ではなく、食材・料理・音楽・対話などが円融するやわらかい場所が成立しているのですネ。とともに、人々が話し、伝え、うけわたし、食べ、笑い、感じるなど多様に「行為する私」は、まわりとの生彩あるかかわりによって「生成する世界」＝場所につながる実感をえることになります。その時人々は「自分自身が生きているという実感」をえていくのです。

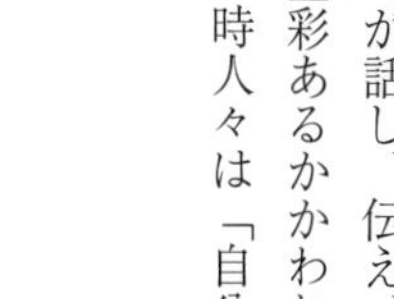

32 世話役

凄絶な「陣取り合戦」！　コーポラティブハウジング[28]というユーザー参加型の住まい・コミュニティづくりのプロセスで、各世帯が自分が住みたい住戸の位置を選択・合意する過程のことを「陣取り合戦」と呼んでいます。ユーコート四八世帯のそれは、ある年のクリスマスの日、朝の九時から一二時間かけて行われてきました。

それまでに各世帯の住戸規模の要望を出し合い、それらを全体空間の中に配分するプランニングの検討会議も何度も行われ、それらを経ての最終判断・意思決定を行うという流れ。四八戸のうち一軒でも選好が重なると、全員合意形成ゲームはまた元に戻ってのやり直し。この難しいゲームは最終局面でデッドロックにぶつかり、数戸間重複が解けないままに、休憩タイムに。それまで、設計内容や資金計画をめぐる多様で対立しあう課題を、相互交流とホンネトークによって乗り越えてきましたが、四八戸の住戸位置決めの全員合意は至難の課題でした。休憩の間に、ぶつかりあっている住戸の当事者の間に入って調整するのは、専門のコーディネーターとは違う「民間外交官」のような住み仲間。やがて会議再開となり、調整案がコーディネーターから発表されると、その提案を知った人々は「Aさんかわいそうや。これまで一番中心になっていた人が、自分の住みたい場所をゆずりはるなんて……」の声。そのひそひそ話を耳にした建設組合理事長のAさんは、立ち上がってこういいました。「僕は犠牲になったんやない。四八軒みんなが気もちそろえてこんなエエ住まい・コミュニティづくりのやり方を、これから世間にひろめていかんといかん。今年中に陣取り合戦は終わって、年明けたらそれぞれの家の間取り設計という楽しいことに向かわんと……。そやから僕は決して損したとは思えへん、このような最終案でみんながエエといいはるんやったら……どうですか？」会場の約一〇〇人のメンバーは大きな拍手。そこには、長い時間をかけて育んだ共感と、納得のいくキモチ合わせによる合意の、いいしれぬ達成感が漂っていました。

物語り的なまちの育みの過程には、単独のリーダーではなく、複数の世話役がコトの流れの中で登場し、お互いに育み合う過程が必ずや生まれるものです。世話役には基本的に四つのタイプがあります。第一は「理念派」。先に述べたAさんは、議論が紛糾し座礁に乗り上げた時、いつも状況に相応しい言葉で「なぜコーポラティブなのか、どのように協働していかねばならないか」について語りました。人間の心の奥底にあるよりよく生きることへの志を呼びさますわかりやすい理念と、それを実現していく上での基本的方向・戦略を語りかけるのが「理念派」世話役の役割です。

しかし、「ヒト・クラシ・イノチ」ありきの視点を呼びかける理念だけでは事態は進行しません。「モノ・カネ・セイド」を活用したり、ヒトとヒトの間を調整したりする「実務派」が第二のタイプの世話役として登場します。Bさんは、企業の営業担当としてテキパキと会計処理を始め緻密に組織的業務を遂行してきた人。ある時、土地提供主体かつ融資主体である住宅・都市整備公団(現UR都市機構)が、公募による入居予定者たちの年収チェックを行なって、下限以下の人を切ろうとしました。この時、実務派、および理念派の世話役、さらに設計・コーディネート分野の専門的世話役の三者で共にURに出向き、話し合いを持ちました。居住者側の主張は「つらい人がいるが、全体で守りたい」。一方のUR側も「四八世帯が保証人みたいなもんですネ。」と住民の言い分に「聴く耳をもつ[36]」姿勢で応答しました。創造的コミュニティデザインにおける実務には、ビジネスライクにコトを運ぶだけではなく、理念の実行のため困難な状況と「格闘[43]」する態度が肝要なのです。

住民が主人公となる「まち育て」の世話役として、いまひとつは「思いやり派」。ある日の会議がそろそろ終わるころ、Cさんはこうきりだしました。「今日はもう夜遅いけど、欠席した○○さん、△△さんのところに、今日の話し合いの中味を手分けして伝えにいけへんか?」Cさんは参加家族[27]の様子や気持ちをよく知り、こぼれない[17]ように気を使っていました。お互い、ていねいに生きる姿勢を大切にしあい、相互にリスペクトしあう関係づくりが、多様な人々の個性協働体としてのコミュニティを創造することになるのです。

さらに「表現派」世話役が介在する時、人々のコミュニケーションを円滑に育むことになります。ユーコートの場合、専門家・設計者であった乾亨氏や梶山秀一郎氏が、わかりやすい図解・イラストも用いて、常にロジカルに平易に住民に本質を語りかけ、専門用語や制度用語をふりかざすことなく、ユーザーの心に届く物語りとして伝えました。緑町の団地建替えでは、住民の立場の木村文さんが「環境ウォッチングのマップ」や、建替え後の「お散歩マップ」等、魅力的なヴィジュアル表現で、住民の想いを内外に伝えました。赤岡町では、住民自らと、外からやってくるファシリテーター[23]の令ちゃんとが、「冬の夏祭り」[8]の魅力を創造的に表しました。コミュニティを育みたいという想い、何を目指しているかの志が内外の人々に伝えられることで、次々にいろいろな人々の参加[12]の渦をまきおこしていくのです。

「まちの育み」のなか、「理念派」「実務派」「思いやり派」「表現派」の四つの役割を状況に応じて果たすキーパーソンは、どうしたら育まれていくのか。それは、何のためのまち再生なのかという戦略、それを実現していくしくみ、かかわる者どうしの相互敬愛、そして、その連なりの創意に富む表現とが渾然一体となるプロセスの有無にかかっています。さまざまな人やモノが混成するまち・地域が、持続的にお互いを育みあう関係のうちに、コミュニティとして生活の力[33]、空間の力[34]、時間の力[35]というエンジンを駆動させていくのです。

33 生活の力

日本で最も長く――一九六五年から約五〇年間、住民が主人公となってまちを再生・育み続けているまちは、神戸市長田区真野地区です。このまちに長年かかわっているプランナーの宮西悠司氏によれば、まちづくりとは「地域力を高めること」、すなわち「地域資源の蓄積力、地域の自治能力、地域への関心力」ですが、真野地区には、これに加えて住民の「生活力」があると、筆者は考えています。まち再生の「生活の力」とは、ヒト・モノ・コト、そしてトキをつなぐ、次のような五つの感性[25]で成り立っています。

弱い立場を思いやる力

地域再生、まち育ては、最も弱い立場の人々――高齢者、障がい者[11]、子どもたちが安心できる状況作りのことであり、そのためには〈つぶやく力〉と〈きく力〉双方のコミュニケーションがある人間関係・出来事づくりが肝要です。身内以外の子どもや高齢者と何気なく声をかけあい、弱い他者を〈思いやる力〉を育くむ機会のあるコミュニティを目指したい。普通の人々が、心の知恵＝思いやりをはたらかせ、周りとの関係をつむぎだして状況を変容させていくことが、まち再生に赴くことになるのです。

逃げない力

公害や環境破壊がおこる時は、立ち向かい、原因を取り除き、健やかな生活環境を回復・再創造していくことに住民の力を結集するべきです。

真野地区では、一九六〇年代後半の未曽有の公害によって、住民の約四割もが「苅藻ゼンソク」にかかりましたが、逃げることなく「自分たちのまちは自分たちで守り育もう」と具体的な行動を持続的に編み出してきました。人々が健康に生きうる場を再生させた今でも、その気運は継承されています。真野では地域福祉センターの一斉掃除では、誰彼となく率先して一番きたないところの清掃におもむきます。

環境整備を行政の役割とし、しばしば住民は一方的に「お前やれ」意識に傾斜しすぎていますが、自分たちの生活の場で病んでいる他者を思いやることからはじまる、自前主義の環境改善の姿勢は、市民社会創造で肝要です。「お前やれ OMAEYARE」から「思いやり OMOIYARI」への移行、自律性と協働性の結合による逃げない力です。

地域資源活用の行事力

地域のタカラである[8]空間・景観・歴史・文化などに加えて、最高の資源は人間です。四季折々の祭りをはじめとする多様な行事の運営を通して、ヒト・モノ・コトをつなぐ感性が磨かれていきます。真野地区の歳時記は、まことに多彩。それらが生き生きと行なわれるのは、一組織が一行事を分担するのではなく、そのつど多世代が交流・協働する開かれた関係づくりがあるからです。「同志会」という三〇～四〇歳代の働きざ

かりの父親・男性グループの機動的で多様な支援の力は大きい。お父さんがコミュニティで輝くとき、その地域の再生・まち育ては確実に進展していきます。

ダンドリ力

いまひとつは多彩な行事を見事に運営する〈ダンドリ力〉です。全体の流れの見通しをたてて必要な指し図をする指揮者もいますが、むしろ、その枠からはずれた自発的な自然なふるまいが次から次へとつながっていく「指揮者のいないオーケストラ」が生まれる時、ヒト・モノ・コトのつながりが立ち現れてくるものです。全体の状況をパッと見て、自分ができることがこれだと自主的に判断して動く「私発協働」がつながり生成していく時、ひとつひとつの小さな行事の遂行が、大きなまち再生・まち育て実践につながります。心のこもった行事を共に運べるダンドリのよい人のことを「ダンドリティター」と呼ぶならば、多様なイベントの持続が、地域にまち育て「ダンドリティター」をも養うのです。

生活観の〈表現力〉

人間は自己の生活観や自然観を表現する存在です。そのことを通して、自己と他者で美を分有しあう、ヒト・モノ・コトのつながりへの感性を高めていきます。まちに共に生きることは、このような表現の場と機会に恵まれることです。内なる人間的価値の表現とは、すなわち文化です。地域行事の実践や身近な環境での美的表現は、「自覚的に自己の内的生命を作り現わして行く」(木村素衛『表現愛』南窓社、六二頁)、文化活動なのです。

路地の軒先・道端の園芸を通して季節の花々への慈しみの心を分かちあい、表現の美を通して自他のコミュニケーションを高めて承認しあい、敬愛しあう関係が生れます。

これらの力はいずれも「つなぐ感性」としての「生活の力」ですが、決して「みんないっしょ」の古い意味での共同につなぐのではなく、多様性や特異性をもつ個人が、他者との連帯やコミュニケーションによって生み出す、自律性と協働性の精妙な融合です。

特異性、多様性の混ざりあいと協働で〈共〉を育くむ「生活の力」を活かすには、メタファーとして「おでん」の感性が肝要です。上意下達の〈公〉でも、内に閉じこもる〈私〉でもなく、個性を生かしながらおいしい〈共〉を創出する「おでん」は、おいしさで自己と他者が一体になり、複数の関係性のつながりの中で自己が生き生きする状況をもたらします。

「生活の力」を引き出す「つなぐ感性」の陶冶は、こうした自己と他者の間がつながる「感動的気分」の高揚体験に根ざしているのです。

34　空間の力

木造の学校に／木霊(こだま)が宿る／そんな学校をつくらないと／本当はいけないのでは

ないでしょうか　　　　（松村正恒『素描・松村正恒』）

写真1

愛媛県八幡浜市の日土《ひづち》地区は、人口約三〇〇世帯の中山間地です。日土小学校（一九五六年竣工、東校舎は一九五八年竣工）は、水平的な連続窓などモダニズム建築の香り漂う外観を誇る木造二階建て。切妻の屋根が周りのみかん山の風景に同調し、図書室から張り出した庇とデッキは川と緑の自然環境と感応しあい（写真1）、小学校という建築空間を媒介に、人間と環境が響きあい、木霊（こだま）する関係が見てとれます。

ここで学ぶ子どもたちが、学校の大好きな場所ランキングを自分たちで調査しました。それによると、第一位は図書室。「図書室から見えるきれいなけしき」と挙げられているように、子どもは図書室のデッキを通して、川やみかん畑などの外の美しい自然環境につつまれる心地よさを感じとっているのです。環境、environment は environ という動詞を ment で名詞化したものです。Environ は取り巻く、包囲する、という意味で、フランス語の environner から英語に入ってきました

（角田幸彦『景観哲学への歩み』文化書房博文社、二六〇頁）。

環境に対して閉じ、建物内の熱気は外に排出し、環境と不仲で負荷を与える建物が増えている現代社会にあって、日土小学校は子どもと子どもを取り巻く環境の仲のよい関係を生みだしているのです。

環境心理学や建築設計の領域では、人間―環境関係の相互性を重視するようになってきましたが、日土小学校には人間―環境系（空間・人間・出来事などの系）のデザインの成果が結実しています。人間と環境が相互に木霊しあう「人間―環境系」を、英語では person-in-environment と表現します（日本建築学会編『人間―環境系のデザイン』彰国社）。person はラテン語の persona（人格）に由来しますが、この persona はもともと personare（響きわたる、per…を通って＋sonare 響く）から出来たことばです（角田、前掲書）。人間はまわりの環境系に響きあう関係の中で、それぞれかけがえのない一個の重さ、つまり人格を育むのです。日土小学校は子どもの人格性（パーソナリティ）、すなわち人柄の創造を、空間の力によってなしえているのです。

日土小学校は、教室が廊下から切り離された「クラスター配置」を採用した先駆的事例です。階段は超ゆるやかなやさしさを誇り、相談室は、桂離宮を思わせる遊び心あふれた金紙と伊予絣《かすり》の市松模様仕上がり。それら内部空間に数々の見るべき価値があるだけでなく、外部空間は、カーテンウォール状の開放的な空間を実現し、喜木川沿いにはテラスや軽妙な鉄骨階段が設ら

れ、自然と一体となっています。

この素晴らしい小学校の設計者は、八幡浜市役所職員であった建築家・松村正恒さんです。戦後の新しい社会像を空間化した作品は注目を集め、一九六〇年に『文藝春秋』誌によって日本の建築家一〇人のひとりに選ばれました。

二〇〇四年、台風一八号の被害を受けて修繕。地域住民からは、鉄筋コンクリート造の新校舎に建て替えをとの声もあがりましたが、貴重な戦後木造モダニズム建築の保全価値をめぐって話し合いがもたれました。保存的再生の建築手法を駆使する方向が模索され、子どもたちの人格を育む空間の力の継承と、地域社会への持続的な波及効果を目指しました。

保存再生の成果は、二〇一二年日本建築学会賞(業績)に輝きました。お祝いをかねて講演に招かれた筆者は感動しました。子どもと自然の間柄のよい建築空間の内外が、有機的な生きもののように見えたのです。ここで学んだＯＢ・ＯＧたちの生き様にも遭遇しました。

四〇歳代の農業者・清水靖子さんは「今も学校が大好きなのは、松村さんの心が私に響いたのだと、空間に育てられたからだと思います。」と、木霊する空間に育まれたことをしっかりと評価されました。空間・環境の人間への働きかけ(アフォーダンス)が、生涯にわたって人の感受性や志向性を育んでいるのです。空間には、人間の生き方やふるまいを誘引する力(アフォーダンス)があるのです。これが「空間の力」です。

三〇歳代の建築設計者・二宮一平さん(いっぺい君)は、東京の大学で建築を学び、松村正恒研究の卒業論文をまとめ、一四年間実務経験をした後、故郷の日土に帰って来ました。日本列島どこもが高齢少子社会になり、特に中山間地は「限界集落」化していく時代、日土には二〇一二年、二〇人の新生児が生まれました。集落出身の若者も帰郷して仲間たちと故郷運営の日々を楽しんでいます。いっぺい君は「日土小が建築され五〇年以上たちました。子どもたちの過ごし方も時代によって様々でしょう。しかし、私たちは時を越えて同じ空間を共有しているのです。地域でひとつのものを共有し続けることは、地域の絆、結びつきとしてとても重要なことだと感じます」と語りました。そこには、近代の「故郷喪失(ハイマートロース)」(ハイデガー)を越えた、「故郷継承」の意気込みが感じられます。

写真2

　いっぺい君は、集落の山の上から谷あいの日土小学校を眺めながら(写真2)、「みかん生産に励む地域の人々と、人間・空間に育まれる子どもたちとともに、我が故郷を創造的に育みつづける未完(ミカン)のジューシー[11]なプロジェクトに生涯をかけてみよう!」といいます。つぶやきに耳を傾けながら、この地域には未

来があると強く実感しました。

なぜなら、小学校という地域コミュニティのセンターである「空間への素朴な全面的信頼、すなわち子どものような無邪気なやすらかさがある」(O・F・ボルノウ、大塚恵一他訳『人間と空間』せりか書房、二八九頁)からであり、日土の人々が小学校と溶けあっているからです。人間の空間への関わりの哲学を論じるボルノウによれば、その信頼が欠如するとき故郷喪失症におちいり、「空間は(…)不気味さとかよそよそしさという姿であらわれている」。人間はこの空間のなかでは見すてられている」。しかし日土では、人々は、小学校の空間とまわりの環境がやすらぎを与えてくれる「空間の力」を知っています。それを育みつづけ、世代から世代へ継承することが、現代における故郷の創造的運営なのです。

二〇一二年、日土小学校には、建築学会賞につづく二つの朗報が届きました。

ひとつは世界中の古い建築・まちなみの保全再生を顕彰する「ワールドモニュメント・ファンド」(本部ニューヨーク)から贈られた「ノール・モダニズム賞二〇一二」。授賞理由は「モダニズム建築の保護・保存の努力は、地域社会の歴史を継承していく上で欠かせない。日土小での活動は、その手本を示した」こと。さらに一二月には、重要文化財に指定されました。戦後建造物としては、丹下健三設計の広島平和記念資料館、ル・コルビュジエ設計の国立西洋美術館本館などに次いで、四件目です。

設計者の松村正恒さんが自著に記した「わたしは（……）かたちだけではない、こころとでもいっていいようなものを学校建築にこめたかったのです」という言葉と、内外からの高い評価をバネに、「空間の力」は地域再生のビタミンとなっていくでしょう。

35 時間の力

住民参加の復興公営住宅

東日本大震災から一年八カ月が過ぎたある日、仙台市の仮設住宅あすと長町（写真1）の集会所で、「復興のその先にあるハウジング」というシンポジウムが開かれました（二〇一二年一一月一八日）。あすと長町（二三三戸）は、仙台駅からＪＲで二つ目の太子堂駅前の便利なところ。住民たちは安心できる住まいづくりに赴こうと、仮設住宅で養われた人間関係・コミュニティを生かして、現在の敷地内に住民参加で復興公営住宅をつくろうとしています。仙台市は復興公営住宅建設にあたり、市がつくるのは一六二〇戸、それ以外の一三八〇戸は民間事業者が計画提案して建設したものを市が買いとるという方式（公募買取事業）をとっています。あすと長町はこの事業方式を活用して、住民・地主・民間事業者・ＮＰＯ・大学等の様々な主体の協働による、コミュニティ形成型復興公営住宅づくり

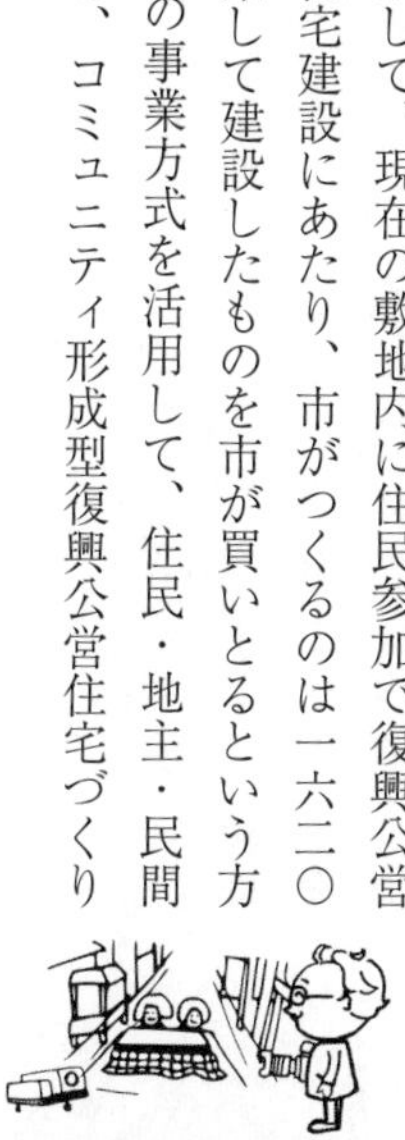

写真1

を目指しているのです。

「あすと長町仮設住宅　コミュニティ構築を考える会」は、二〇一二年夏頃から、ワークショップ[22]をもち、「復興住宅に欲しいもの、気がかりなこと」等のホンネトークを重ねています。例えば、ホンネとしては「共同生活が苦手な方、引きこもる方をどうするか。孤立する方が出ないように。」「しつこすぎない、うっとうしくないコミュニティを希望。」等々があり、共に住む、シェアの暮らしのあり方が問われています。

シェアある暮らし

そこで「シェアある暮らしの創造へ」の副題のもとに、先述のシンポジウムが開かれました。基調講演、事例報告、話し合いのあと、筆者がまとめたその日のキーワードは……

安心と緑とコミュニティのあるみんなが住み続けられる住まいに

――みんないっしょにそっくり引っ越そう

住み手も野菜もペットも生命育むコミュニティづくりへ

――「ヒト・クラシ・イノチ」ありきを目標に「モノ・カネ・セイド」を手段に
遠い未来を見すえてシェアある住まい方の構築――無縁社会から有縁社会へ
なじみのある使い方にマッチする空間づくりを
――ソフトとハード、住み手とつくり手の結合
我流を生かし、得意技のおすそわけ等シェアリングの豊かな暮らしへ
――シェアは信頼を生み、信頼はシェアを豊かに
まあるくみんな笑いあえるゆるい共有空間づくりへ
――コモンミール（食事を共にする）の場や多様なコモンスペースを
違う価値を認め合う柔かいコミュニケーションとしなやかな運営を
――トラブルをエネルギーに変えよう

ちなみに頭文字を束ねる（頭韻要約法）[24]と、「あすとながまち」。拍手と共に、ひょっとしたら住民参加の復興公営住宅づくりは実るかもしれない、という予感が、参加者の間に分かちあわれました。

夢を実現するには？

しかし、この場が予定調和的に終わったわけではありません。フロアの住民から「このような夢を実現するにはどうすればいいのか？　それを教えてほしい。それが分かれば、私たちは全力をあげてやってみたい」との強く鋭い語気の意見が

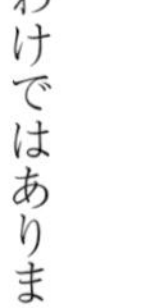

飛び交いました。

その日のパネリストの一人、武蔵野市緑町パークタウンの自治会幹事の興梠《こおろぎ》信子さんは、自らの経験をこう語りました。「緑町団地(一〇一九戸)建替えの時、公団側からの一方的建替え事業通告(一九九一年七月九日)による、家賃の高騰・コミュニティの崩壊・緑環境(地域資源)の崩壊に直面して、住民は絶望感に苛まれました。しかし「もうダメかもしれない」と思いつつも「がんばってみよう」「やれることは何でもやってみよう」と私たちは立ち上がりました。」具体的にはアンケート、学習会、号棟ごとの住民集会、講演会、総決起集会、自治会事務所と建替問題相談窓口の開設、公団との交渉(事業計画、家賃問題、仮移転、配置計画等)、国会議員・市長・市会議員との懇談会、市議会への「家賃・環境・参加の建替」請願、建設省との交渉(家賃問題・都営住宅の併設)等の住民内取組みと対行政交渉を次から次へと展開していきました。特筆すべきことは、住民自ら反対運動を超えて、団地建替え計画を住民提案の作成という創造的な運動にしていったことです。

例えば、自作自演の演劇公演での団地世論喚起、団地の樹木・雑草・昆虫のオリエンテーリング(写真2)、バード・ウォッチング等の環境資源の魅力発見と表現、野草の天ぷらを食べる会(市長を招待して住民の味方にしていく)、住まい方調査とそれにもとづく間取り提案、団地生活の思い出文集づくり、それによる生活価値の発見と検証から「土と緑とコミュニティ」のコンセプトを導き出し、建て替え住民案を作成しました。筆者も含め支援する専門家グループは、アドボケイト・プランニング（住民にかわって建替計画図面の作成）を行いました。

公団との交渉は定期的に行われました。高齢者をはじめとして住民達は「私の老後はどうなるのか。家賃は払えない。緑もコミュニティも奪われる！」と怒りを込めて危機感を表明しました。しかし、担当の公団課長は「緑町を特別扱いはできません。機関決定（建替事業、建替戸数、スケジュール等）を曲げられません。」という杓子定規の返答の繰り返し。住民は粘り強く交渉の席に心のこもった多彩な表現・提案をもちこみ続けました。決して相手を怒鳴りつけるような態度はとらず、理科図鑑も顔負けのすばらしい野鳥や草花等のパネルや子どものころからの団地の歴史、子どもたちが名前をつけて遊ぶ公園マップ等のパネルを作成して、緑町団地への愛着と愛情をたんたんと説明しました（写真3）。それら二十数枚が団地の集会所の壁にはられたある日の、公団課長の次のような発言は、今も筆者の記憶にとどまっています。「公団団地をこんなに愛して下さり、団地の魅力

写真２

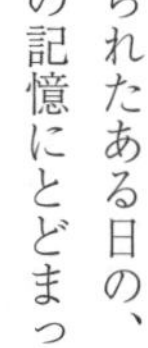

写真3

をかくも豊かに描いていただき、感動しました。今まで組織の立場からの発言をしていましたが、私も子どもの親です。人間的立場から、子どもの視点から、これまでの公団案を考えなおしたいと思います。住民提案を生かす公団案を検討しましょう。」この歴史的(?)発言を、住民が引き出したのです。行政は組織であるが故に固さは否めませんが、それを担っているのは人間です。人間は柔らかい共感の心をもっています。公団課長は、当初は組織のシステム内に閉じる発言をしていましたが、住民が「何を目指すのか」を多様に問いかける姿に、人間的感受性がひらかれたのです。

緑町団地では、その後、配置計画全体から、建物の高さ・形状、フットパス(歩路)、残される樹木等の部分にわたる再検討がなされ、住民・公団双方が共感を呼ぶ合意のもとに建替計画案はまとまりました。例えば、当初公団案のフットパスは幅二・〇メートルのアスファルト仕上げでしたが、住民の「現況の肩が触れ合う幅がベスト。緑を残すためにも、舗装は必要最小限に」の意見で団地の地域資源としての小道らしい小道が継承されました。このことを踏まえて、以下、あすと長町の住民の疑問「夢を実現するには？」に答えてみます。

時間の力

緑町団地の住民は、時間をかけて、住民側の意識と公団側の意識を変えていきました。住民側は「あきらめ」意識から「やる気」意識に、公団側は制度の内側にとどまる意識から、新しい制度を創る意識に変わっていきました。両者の意識を変えたのは、意志を表現する行為を、時をかけて積み重ねたこと、です。人間は表現することによって表現媒体を通して、想いを自他に伝え話し合い、主題の意味の理解へ進んでいくものです。一回だけの表現・発表・話し合いでは、何も意識は変えられません。寄せてはかえす波のように時をかけて、「何を目指すか」を多面的に表現し、伝達することによって、ジワジワと意識は変容し、ある瞬間に驚くべき変化を来すのです。

状況を育む持続の時間が、状況を変える瞬間を生むものです。対立から対話への変化をへて、夢を実現する過程にとっても、時間こそ主要な仕掛けなのです。

ベルクソンは、「持続」を「生命そのもの」の意味としました。時間とは、意識と同じ、あるいは意識の本質なのです（E・T・ホール著、宇波彰訳『文化としての時間』TBSブリタニカ）。意識を育む道具として時間の力を用いること、ここに住民が主人公となるまち再生の夢実現の、最も大切な鍵が潜んでいるのです。あきらめこそ、まち再生の最大の敵です。

IV

トラブルをドラマに

樂働育笑
咲協共可
喜發話変
歡私對軋

36　聴く耳をもつ

住民と行政の間の対立の根本的原因のひとつに、住民のつぶやき[11]を行政側が聴く耳をもたない、という点にあります。聴く耳を塞いでしまうものは、制度主義・予算主義・議会偏重主義・常識などの枠組みです。

熊本県水俣市の袋小学校建替えにあたり、住民参加でやりたいという住民の声があがりました。住民参加での小学校建替えというプランは、制度的にも予算的にも全く位置づけられていなかったにもかかわらず、行政側担当者Tさんは、住民のつぶやきに耳を傾けました。

水俣病という、近代の根源的なゆがみを背負う病で地域社会が四分五裂する悲劇を経験したこの地域で、患者さん支援とコミュニティ再生の場を、住民参加で設計した際(一九九六年)、筆者は総合コーディネーター、Tさんは行政担当者としてかかわりました。この「もやい直しセンター」(もやい直しは、人と人の協働の関係の回復・再創造のこと)は、福祉センターとコミュニティセンターの合築的公共施設として、街なかにある「もやい館」、患者さんが多発した袋地区にある「おれんじ館」の二つの居場所が、今日も活用されています。

住民の一人Oさんは、住民参加による公共施設の設計過程にかかわった経験の持ち主でした。袋小学校建替えの計画を知って「住民参加で設計を」と働きかけたものの、予算不足を理由に行政に断られたOさんは、筆者のところに相談にやってきました。そこで、ボランティアで協力することにしました。

一九九九年九月から「袋の学校づくり　かたらんかい」（ワークショップ[22]）が「おれんじ館」で開かれ、のべ五〇〇名以上の地域住民が参加して、袋小学校の建替え計画の議論が重ねられました。この当時Tさんは、「もやい直しセンター」建設部局から異動して教育委員会に所属していましたが、一連のワークショップに毎回、オブザーバーとして出席しました。行政側は予算不足から標準設計での建替えを予定していましたが、住民たちのつぶやきをはたで聞いていたTさんは、その目指すコンセプトが、水俣市の環境政策と符合していることに思い至ります。自然エネルギーの活用、地域産材（木材）の活用、自然に人間に開かれた共生のスタイル、学校・地域ぐるみの環境学習等……が盛りこまれていたのです。

そこでTさんは、この住民提案は市の環境政策の実現につながる、という理論武装[20]をし、市長・教育長・財政部局等に伝えました。その結果、住民提案が容認され予算化されたのです。さらに、当初予定の敷地に隣接地を買い足して、住民の望むかたちで小学校が建設されました。

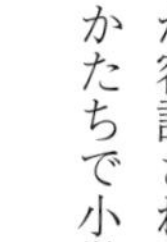

学校と地域が響きあう場、「いつでも人を呼びよせる、あたたかい日溜りのような地域(まち)の縁側[14]」としての袋小学校が、こうして生まれました。「学校づくりとは校舎が完成して終わるのでなく、地域で共に生きていく楽しさを耕す営みです」とは、PTA学校づくり委員会のまとめ役Oさんの言葉。「地域(まち)の縁側」としての袋小学校は「みんなの中の私」「みんなが私の場所と感じる」「やわらかい結びつき」「地域を結ぶ」場所となっていきました。

行政担当者が住民の声、話し合いの中味をひたすら聴く耳をもっていたことで、住民の願いがかない、ただのハコモノとしての学校ではなく、子どもと地域を育む、個性的で柔かい生活空間としての学び舎、地域(まち)の縁側が出来上がりました。「聴く耳をもつ」行政の基本作法として、次のようなことが大切だといえるでしょう。

まず、住民の話し合い、つぶやきを聞く場に参加しようという態度。地域住民は「生活知[18]」を豊かに具体的に提案する、それが行政の「制度知」を補ってあまりあるものを生み出します。Tさんは、「もやい直しセンター」建設の「参加のデザイン」の経験で、このことを信じていました。この信頼が「聴く耳」の背後にあります。

つぎに、その場で語られる内容に共感[16]するセンサーの持主であること。

さらに、多様な発言全体に潜在する課題の解決(この場合は、子どもと地域の育みの視点からの学校づくり)にむけて、重要なポイントを筋立てる(プロッティング)こと。

最後に、住民の生活知からくみ上げたこの筋立てを、行政の制度知に翻訳し、意味づけ、理論化すること、理論武装[20]すること。

これを実践しうる行政職員を育むには、日ごろからの系統的な学習・研修、実践・評価がぜひとも必要です。「制度知」に偏った自治体職員研修を超えて、「生活知」「実践知[19]」の研修・体験学習にふみこんでいってほしいものです。

37 レフレクティブ

二〇一二年三月一二日の夜、仙台市のある仮設住宅の集会所で、荒浜現地再生を願う会の会議が開かれました。その約四カ月まえに発表された「仙台市震災復興計画」は、住民との熟慮的対話を飛びこえて「災害危険区域」の線引きを一方的に決めてしまい、現地でふるさと再生を願う人々を排除してしまっていました。その夜は、内陸移転を望む人々とは別に、現地再生を願う人々が集っていました。

ふるさと再生の願いとして、津波を受けた自宅跡に掲げる「希望の黄色いハンカチ大作戦」、その取りくみへの国内外からの支援の様子を筆者が幻燈会[4]でプレゼンテーションした後、台湾

の黄智慧先生が災害文化人類学の知見から、台湾と荒浜の状況を比較。さらに、今後の動き方をめぐって住民の意見交換へ。「津波による災害に加えて、これは行政による二次災害だ!」「仙台市への公開質問状をだそう」「荒浜コミュニティ・ペーパー№1を活用して国内外の世論喚起を」「知識を外の人からかりて、学習を重ねていこう」「新しい荒浜をつくるしかネーべや」等々、多様な意見が飛びかいました。しかし、最後はまとめらしいまとめのないまま会議は終わり、参加者たちは何かしら欲求不満を抱えて帰路につきました。

翌朝目覚めの瞬間、筆者は反省の念にかられました。「きのうの会議は、途中で発言をしてしまって、まとめができなかった。部外者としては途中より最後に全体の意味をまとめるファシリテーター[23]の役割を果たすべきだった……。」その思いでいっぱいのまま、朝、黄先生をホテルに迎えにゆくと、彼女も開口一番「私の発表はもっと災害のハード面よりソフト面、人間関係づくりが大切であることを強調すべきだった」と自省の弁。次は住民Kさんからの電話、「夕べは先生方に迷惑をかけてしまいました」。さらにもうひとり、住民Tさんも出会いがしら「きのうは会議運営が拙くてゴメンナサイ」。四人ともアウンの呼吸(?)で、自らをかえりみる言葉をはきあったではありませんか。

目指すべき方向へと出来事の因果関係を捉え直す、そうした知としての反省がここにはありました。反省(reflection)という行為は、何らかの目標(例えば、みんなが安心して住めるふるさとづくり)に向け、抱くべき想いやとるべきふるまいに、近づいているか／離反しているか、内にむかって問う思考の動きです。人間と人間とが向き合うとき、そうした内省の意識がそれぞれに生じます。人間の関係は矛盾に満ち、時には対決し、時には行政と住民の間のように上下関係を生むこともありますが、真摯な話し合いの場が保証されるならば、自他の自由と対等性が承認され、精神の共同性が成立し、反省は価値あるものとなります(長谷川宏編『ヘーゲル』作品社)。

反省する心・行為が状況に応じて持続する過程と、コミュニティの倫理が確立していくプロセスは、軌を一にしています。現実問題に直面しても己の立場・価値を頑なに変えないとすれば、それは「自省する心」というコミュニティビタミン[42]不足のあらわれでしょう。このコミュニティビタミンの補給を心がければ、相手のつぶやき[11]や主張の背後にあることがらへの洞察と共感[16]が、技術的・手続き的部分判断を越え、状況の中での「全体としての真理」をめざす力を生むのです(宇田川尚人「反省」『事典 哲学の木』講談社)。

行政側が自らの「部分判断」を自省的にとらえ、望ましい状況づくりの理性に立ち戻るために必要なのは、こうした「精神の運動」の中に自己をおいてみること、これが対立を対話に変えていくための共同体倫理であると思います。反省はコミュニティモラルの重要な柱です。

愛知県岡崎市の河川緑地公園整備計画づくりにおける子ども参画のワークショップ[22]でのこと。舗装広場に3 on 3（バスケットボールのようなゲーム）のゴールが欲しい、と子どもの強い要望を受け止めた行政担当者は、苦慮しつつ予算枠内でアイディアをひらめかせました。都市公園法を遵守しつつ子どもたちの熱望に応えるべく、日常的には安全に自立し、いざという時は容易に倒せる「転倒型ゴールポスト」を発案したのです。

子どもの視点からのまちづくりで大切なことは、子どもに共感する態度をもつ、即ち要望の価値と実現への熱意をどちらも勘案しつつ、子どもの立場から深く考えぬくことです。精神分析学の専門用語によれば、そのような心の構えを「代理内省」といいます。「代理内省」とは、「相手の内的生活（主観的体験）の中に身を入れて、その立場で考え、感じること」です（成田善弘・氏原寛編『共感と解釈――続・臨床の現場から』人文書院、一七頁）。

杓子定規な客観的基準で「市民の安全確保からの危険区域設定」を行った行政側が、しなやかに復元・回復するリジリエンス[38]の視点で、「代理内省」に踏む込んでくれないものか。住民の生活や地域の歴史のプライド[26]を配慮・尊重する、多面的な主観的体験の中に深く身を入れて、その立場で考え感じる「代理内省」というコミュニティビタミン摂取をしてほしいものです。

「アドボケイト・プランニング」は、専門家が住民に代わって提案作成をすることを意味する言葉ですが、この行為的代理から専門家・行政側がさらに踏み出し、住民の内的生活にわけいり共感をもって考慮・提案する――「代理内省」は、温か味を感じる言葉です。

38　リジリエンス

従来、防災は「壊れないこと」を最優先に考えられてきました。三・一一以降は、「壊れないことを目指しつつも、壊れても素早くしなやかに立ち直っていく社会」、リジリエント社会を目指す、という考え方が広まり始めました。日本建築学会『建築雑誌』の特集「東日本大震災一周年・リジリエント・ソサエティ」(二〇一二年三月号)では、レフレクティブ[37]でふれた「仙台市震災復興計画」のつくり方と、それへの批判がのべられています。

計画にかかわった専門家は、流水率と流水深をシミュレーションして工学的・定量的に規定する立場から災害危険区域を設定した、と述べています。別の論者は技術的基準のみから安全性を金科玉条のごとくとらえるのではなく、居住・経済・景観・アメニティなどから防災を統合的にとらえることを提案しています。前者にはトップダウン的計画・土木的枠組みにとどまる「固さ」があるのに対し、後者の住民の選択によるボトムアップ的計画には、ハード(津波防護施設や法的しばり)偏重を越えて、ソフト(住民の起動力・結束力・コミュニケーション力・問題解決能力・被害への覚悟・風景や生活への愛着)を重視する「しなやかさ」(リジリエンス)への志向性がのぞいています。

津波浸水深が二メートル超で危険である、という技術的「限定合理性」からの災害危険区域の線引きは、住民を海辺から隔ててしまいます。こうした専門家・行政の決定は、いぐね(防風林)に守られた住居群、波の音を心の奥底に聞くやすらぎの場、老若が支えあう近隣関係など、地域の暮らしの「タカラ」を語りあい、その記憶をかたちにし、新しい状況の中でさらなる豊かさを付加していくふるさと再生への動きにくびきをはめてしまいます。

「限定合理性」を越えて、安全を前提に、住民主導のしなやかな復興・回復[41](リジリエンス)のための「包括的道理性」が生きる対話の道をさぐりあてたいものです。行政組織という「システム」の硬直を越えて、地に足をつけた住民の柔軟で強靱でしなやかな運動性を育む「リジリエンス」への道は、どうすれば見出せるでしょうか。

人が集まって住むうえで、災害に対するリジリエンスの諸相は四つのRから成ると、この号のディスカッションはしめくくっています(「地域再生の姿　震災から一年」前掲書)。第一にRobustness「頑強性」。東日本大震災は、シミュレーションによって災害後の土地利用と住民生活を決めた、日本で最初の災害となりました。ディスカッションでは、そのことを「トゥー・マッチではないか」(やりすぎではないか)と指摘する声もありました。第二に、Resourcefulness「甲斐性」。人材、とりわけ複数のお世話役[32]の育みをさします。第三に、Rapidity「迅速性」。産業復興においてはスピードが必要です。第四に、Redundancy「冗長性」。つまり、地域間の助け合いや、郊外と中心市街地の間の役割分担のことです。このディスカッションで注目すべき点は、建築学という本来工学に基盤をおく学問の立場から、技術オンリーに警笛を鳴らし、人間と地域の包括的で総合的からくりの中でしなやかに、かつひかえめに技術を生かす、という姿勢を打ち出していることです。

リジリエンスは元来、社会学や発達心理学等から提起された概念です。「復元＝回復力（re-siliene）概念は、いわば大状況のなかでの客観的な環境や条件をみる過程では見逃しがちな、地域や集団の内部に蓄積された結束力やコミュニケート能力、問題解決能力などに目を向けていくための概念装置であり、それゆえに地域を復元＝回復していく原動力をその地域に埋めこまれ育まれていった文化や社会的資源のなかに見ようとするものである。」（浦野正樹「災害の脆弱性とリジリエンス・パラダイム」同前）復元・回復力を、脅威に対するシステムの認識的・社会的・文化的な、しなやかな適応ととらえるのです。

発達心理学によればリジリエンスは「逆境に直面し、それを克服しその経験によって強化される、また変容される普遍的な人の許容力」。「単に逆境を乗り越えるだけでなく、その経験によってその人が本来持っていた能力が開花されたり、新たな技術や能力を得て、逆境を経験する以前よりも望ましい状態に近づく力を意味する」(小花和・ライト・尚子「「リジリエント」な社会とは」同前)のです。

荒浜のふるさとと再生を願う住民は、まさに三・一一の自然災害と行政による偏った技術的・制度的枠組みの中に人々を押し込む「二次災害」というトラブルにみまわれています。しかし、彼らはトラブルをエネルギーにする望ましい状態に近づく力を、活動・実践を通して自ら育みつつあります。

ぎりぎりの状況の下で不完全さを残しながらも、あえて日常を継続しようとする力量や構えを、住民は備えています。そのような「耐性」「弾性」(リジリエンス)をもつ地域住民の力、地域社会の中に埋め込まれたかけがえのない社会資源としてのリジリエンス・耐性の力に信頼を置くことの大切さを三・一一は教えてくれました(今福龍太・鵜飼哲編『津波の後の第一講』岩波書店)。

過去の記憶とこれからかくありたいと想う未来への信頼のいずれをも尊重することが、地域のしなやかな回復と再創造をもたらすのです。

健やかなまちとは、おのずからそうなるようになり(enabling)、しなやかに育まれ(resilient)、人々の心が喜びにひたされるよう内から駆りたてる(impelling)ような存在でありたいと、アメリカのコミュニティデザインの研究・実践家のランディ・ヘスターが語っています(Randolph T. Hester, *Design for Ecological Democracy*, MIT Press, 2006)が、「おのずから」「しなやかに」「内から駆りたてられる」ように、ふるさと再生としての復興まちづくりは、進めたいものです。

39　つつみこむ繋がり

三・一一の衝撃。そして震災後二年の本書執筆時の今もなお、被災地で先の見えない生活を余儀なくされている人たち。そして、今後も災害頻発が予想される列島各地。各地域で日常的にヒト・モノ・コトを多様に繋ぎつつ、災害復興対応と予防対応を進めるには、どのような活動を展開する必要性と可能性があるでしょうか。

災害復興・予防対応の時間的な流れは、予防対応、緊急・応急対応、復旧・復興対応、(そしてさらなる予防対応)の三段階に応じて、活動内容と備えとが位置づけられます(本項目、「助ける・助けられるのマッチング」[40]「しなやかに回復する」[41])。

ここでは、地域で安心して暮らす日常づくりに加え、緊急・応急段階の災害対応力を育む活動をしている、川崎市の福祉作業所「アルデンテ」から、予防対応の事例を見てみましょう。

川崎市下麻生《しもあさお》、小田急線柿生《かきお》駅から車で約一〇分の住宅地に、花と緑につつまれた「地域活動支援センター・アルデンテ」があります。一〇人程の知的障がい者が集う小規模福祉作業所「アルデンテ」の名の由来は、パスタのゆでかげんの「程よい固さ」。ひとりひとりが自分のペースで、まわりと程よく繋がる居場所という意味でしょうか。

花と緑の繋がり

「アルデンテ」は川沿いの道に面し、建物から道への空間は花壇になっていて、四季を美しく彩っています（写真）。この花畑は「アルデンテ」に毎日やってくるメンバーがお世話します。障がいをもつ立場上、お世話をされることが多い彼らが、生命あるものを世話する園芸作業のなかでネガティビティ（消極性や不十分さ）の受容から、ポジティブな（積極的な前向きな）方向感を獲得していくのです。育てたポットの花苗を買いにくる近所の人々と交流も深まります。通りすがりに花に見入る人、花の側で立ち話する人……ここは周辺地域の人々のお気に入りの場なのです。

周辺地域から疎まれがちな福祉作業所が、異物としてのハコモノに替わる花と緑の生命の輝きで人と人の交流の場を育み、生き生きとした風景を育んでいます。花畑づくりが、障がい者施設と周辺[27]住宅地の軋轢をゆるやかな繋がりに変え、障がい者自らが生命をいとおしみていねいに生きることを通して、自己の役割と存在感をつかむのです。草花育みのふるまいの中に生まれる平安でやさしい気もち、自然とのハーモニーで得るポジティブな感性の発露が、障がい者も健常者もつつみこむ、やわらかい繋がりを育みます。

美味しい繋がり

アルデンテで育てられる花々は、地域の病院のアプローチ周りやロビーにも置かれます。これが近隣の花壇のお世話等々へとひろがり、花を通じて気もちを伝えあう言葉にならないコミュニケーション空間を育てています。

さらに、そのことが地域の人々に日常的な安心感を与え、アルデンテの活動は非日常にも効果を発揮するのです。例えば、学校のお祭りやバザー等のイベントがある時、アルデンテはカレーやおでん、タコヤキ等の屋台の食の楽しみを届けます。地元に根ざしているだけではなく、時には東北復興の現場で二〇〇食分ものカレーを準備し、その美味しさで感動を呼んだりもします。

このアルデンテ・カレーは、災害時の緊急対応の食のあり方そのものにも、ひとつの示唆を与えてくれます。アルデンテ・カレーのベースには、タマネギやセロリ等繊維分がたっぷり含まれているのです。避難所の応急食で最も欠乏しがちな繊維分を充分に含むアルデンテ・カレーは、日常食としてもとびきりの味を誇っています。カレーだけでなく、アルデンテの食は、非日常時にも必要なエネルギーをバランスよく補給するレシピが工夫されています。祭り[8]やバザーでは、障がいをもった人が一般の人々を「お世話をする」役割を担うことで元気を高める場になっています。

アルデンテには、この美食系カレーを非常食として、なんと一二〇〇食分もストックされています。「いざという時に食べる」ことを通じて、ヘルシーで美味しい二重の力を人々が共に食するこの上ない安心と喜びが、つつみこむような繋がりを生み出すのです。

歓待する繋がり

ところで、一二〇〇食分もの美味しいカレーの長期冷凍保存食はどのような場で作られ保存されているのでしょう。アルデンテは、プレハブ工場跡を、創造工房、キッチン、収納空間(とネコの寝床)等に活用しています。

創造工房では、みんなでご飯を食べ、祭りの準備等を行います。入口の靴置場や小物棚の上に、ダンボールのアート作品が見られます。代表の矢野淳一氏は造形家で、彼の得意技が生かされているのですが、決してこれぞアートという見せびらかしではなく、控え目な表現のやさしさがあります。キッチンの天井高とキッチン機器・棚の納まりもまことによい様子。ネコの寝床のある収納空間には、いざという時の出番を待つ多様な出前用具たちが美しく納まっています。

これら全てはサラッ品ではなく、廃業レストラン等から集めてきた再利用品が絶妙にたくみに組合わされ活用されているのです。表から裏まで、こうした場所ごとのモノの置かれ方、レイアウトは、機械的な整然さではなく、ひとつひとつの特徴が相互に歓待しあっているかのような精妙な美しさを生んでいます。

雑然としたゴチャゴチャな場では、人々は落ちつきを得られません。ここにいる障がい者たちが、時には混乱し、時には閉じこもりそうな状態にある時、捨てられるかもしれなかったモノ達の創造的再利用と、つつまれるような繋がりの美しさに身を置くことで、歓待と落ちつきと解放感を得ることができるのです。モノの生命の再活性化はもちろん、「つつまれる繋がり」の美は、自分の生活を自分で作る、人間的尊厳ある生活への志を育てます。

かくし味の「ぼうさい」

アルデンテの定款によると、その設立目的は次の通りです。

「この法人は、障害児(者)及び地域住民の安心・安全で豊かな地域生活を支援する事業を行い、地域における社会福祉の増進と芸術の街づくりに寄与することを目的とする。」

ここには、防災とか震災復興支援といった言葉は一言もありません。しかしアルデンテ活動には、かくし味としての「ぼうさい」があります。アルデンテの活動には、園芸・料理・祭り・大工・音楽の五本の柱がありますが、次のような多様で柔らかな繋がりと、意味が見え隠

◎

れしています。

即ち、アルデンテには、「花と緑を媒介に地域の人々とのゆるやかな安心感の分かち合い」、「祭りのようなハレにも災害のようなケガレにもいざという時に地域に健康と安心を届ける食の喜び」、「人々に落ち着き感や人間的な尊厳ある生活への志を育むモノの生命の持続的活用化と美しさ」の備えがあるのです。そのような美や喜びや安心が、ゆるやかでつつみこむような、生命の彩りの繋がりを望む「望彩」(ぼうさい)を成立させています。

生命の彩りを望む「ぼうさい」によって、地域毎に個性的に主体的に「ぼうさい」地域づくりをすすめる——その意義と具体的取りくみ方を、アルデンテは見事に語りかけてくれます。

40 助ける・助けられるのマッチング

一九六五年以来、約半世紀近く住民自らが地域力を育み続けている神戸市真野地区では、災害発生時に支援が必要な独居高齢者ら「要援護者」をいかに避難誘導するかにチャレンジしています。非常時の社会的危機の突破は、日常の地域力の育み如何にあります(写真1)。このことは阪神・淡路大震災後の真野地区の復興まちづくりにおいても検証されたことです。緊急対応の方策を事前にトレーニングする「予防対応」の重要性は、災害多発の日本列島において、すこぶる高いのです。その際に必須となるのがマッチング。天災・火災等の備えとしての「助ける人」「助けられる人」のマッチングの仕掛けを、どのように組み立てるべきでしょうか。真野地区の「災害時・要援護者支援の取り組み事業」から考えてみます。

写真１

要援護者登録票

神戸市長田区南東部にある真野地区は、一小学校区、約四〇ヘクタール、人口四〇八九人、二三三八世帯、高齢化率三四・一パーセント（平成二三年度）。この地区の、真野地区民生委員児童委員協議会（地域担当民生委員一四名と主任児童委員二名）、真野防災福祉コミュニティ、真野地区まちづくり推進会、真野ふれあいのまちづくり協議会、区役所、区社協、長田在宅福祉センターの共催で、平成二二年より「災害時・要援護者支援の取り組」が行われています。

「助けられる人」（要援護者）の台帳作成にあたり、民生委員が把握している情報を利用することは個人情報保護法に抵触します。そこで、先述した地縁・志縁の七団体が、独自に高齢者の状況を調査しました（平成二二年九～一〇月）。称して「真野地区災害時要援護者登録票」。援助の内容をABCの三段階でしめし、緊急連絡先や持病などの情報を集約し、さらにこの各情報を地図上に記していきました。援助必要性の三段階は、「A 車いす等のため、避難に介助が必要」「B 足腰が弱く、あるいは身体が虚弱で、避難所まで同行が必要」「C 自力で避難可能と思われるが、一人暮らしのため安否確認声かけが必要」となっています。

このABC三段階は、災害医療の現場で優先順位を決める「トリアージ」という手法を参考に取り入れられました。この登録票調査によれば、優先順位の高さ順にA（三九人）、B（九九人）、C（一八六人）で、要援護者の合計は三二四人となりました。

援護のマッチング

次のダンドリは、要援護者（助けられる人）と助ける人のマッチングの作戦づくりのワークショップ[22]です。参加者は、民生委員、自治会役員、防災福祉コミュニティ役員、友愛訪問グループ等、助ける側の有志支援者、約七〇名（平成二三年二月一七日）。

三月二〇日八時四六分、「南海地震発生、震度六強」という想定のもと、真野地区南尼池公園で防災訓練が行われました。「誰が誰を支援するか」事前に決めていたマッチングにそって、要援護者三二四人の居宅を二〇五人が訪問、避難場所まで誘導しました。「不在」「避難誘導」など実際の結果を書き込んだシールをボードに貼って示し、一〇時までに九三パーセントにあたる三〇一人の安否を確認しました。

さらに、地域住民による自作自演寸劇「トリアージとは?」を上演。公園には笑いがサクレツ。参加者たちは二五〇人分の炊き出しのトン汁をいただき、「つつみこむ繋がり」[39]の安心感を胸に、帰路につきました。

災害や危機への対応の原則「自助」「共助」「公助」にはそれぞれ役割があり、いずれもが充分に機能し、相互に補完関係をもってこそ、ひとりひとりが安全安心なまちづくりにつながります。この点からみて、真野地区の支援事業では、「要援護者への安心感の提供」「地域をあげての自然災害対応」「日常的な見守りの充実」の三点で成果がありました。

写真2

因みに、数年前の暴力団追放の活動の際にも、寸劇という楽しい表現手法により、トラブルを乗り超える一助としました(写真2)。

共助の課題

「共助」の限界と問題点もありました。まず「災害の状況によっては私達自身も被災し援助に行けないこともあるかもしれない」ということです。助ける側の条件は、生起する現場の状況如何で変化します。第二に「救急や避難で、消防署の出動を要請したいときは、迷わず一一九電話を」という、「公助」の原則をはずさないこと。第三には、「水平移動」（歩いて逃げる）に加えて、今後「垂直移動」（所有者の了解をえた避難ビル・空間の利用）の可能性を広げていくこと。そして、この事業の対象者である一人暮らし高齢者、老人世帯だけでなく、障がいのある人、家族と同居する寝たきりの人、昼間独居の人等にも対象を広げていくこと。第五には、登録情報の更新を通年実施すること。

一九九五年一月の阪神・淡路大震災の直後、筆者が真野地区に電話した際の、ある住民のつぶやき[11]、「これからは住民一人ひとりに眼を配り、心を配るホンマのまちづくりをやらんといかん時がきました！」という言葉が、筆者の耳に残っています。真野地区の人々は、時間の力[35]を生かして実践を重ねているのです。

41　しなやかに回復する

災害復興対応において、行政の論理と生活の論理の対立が起こる時こそ、コミュニティをしなやか（リジリエンス）[38]に再生させる時です。住民自らコミュニケーション力を育みつつ、ふるさと再生の希望のビジョンを創造すること。「しなやかに」(リジリエントに)をキーワードに、筆者が支援にかかわっている三・一一の津波被災地、仙台市荒浜地区の動向から、そのあり方を見てみましょう。想像を絶する困難と複雑きわまりない事態にみちみちている復興の過程だからこそ、住民・行政・NPO・専門家・その他関係者が、ひとつひとつ丁寧に粘り強く、創意工夫をこらすプロセスが必要です。

天災と人災を超えて

仙台市は、震災後九カ月で(二〇一一年一二月)「災害危険区域」の線引きを行い、「異例の規模」の一二一三・八ヘクタールに及ぶ荒浜等の既存集落・新住宅地から、一七〇六戸全てを強制移転させ、元のところに住居を建てることを禁じる規制等を決定しました。さらに市は「防災集団移転促進事業」(以下「防集事業」)をまとめ、内陸部移転費の予算獲得を優先しました。その背景には二つの判断があります。まず、建設中の地下鉄東西線の終点駅予定地周辺の土地区画整理事業の促進と地下鉄経営の円滑化。都市経営的戦略からの判断です。そして第二に、過去の経緯から市街化調整区域内にあった住宅市街地をこの機会にはずすという都市計画的判断です。こうした経済的事情やトップダウンの都市計画上の理由で、一律的に効率的な復興の方向で走り出しています。しかし、地域の地勢・風土・生産・生活の特質に見合う、住民生活に立った復興を考えなければ、真に安心できる地域づくりは構想できないでしょう。

ふるさと再生を願う荒浜住民は、天災に重ねて、技術的・制度的枠がもたらす「人災」、という二重のトラブルにみまわれています。トラブルをエネルギーに、活動・実践を通して自分たちの間に育みつつある彼らが、「しなやかに」(リジリエントに)ふるさと再生をすすめることはいかに可能でしょうか。

希望の黄色いハンカチ

荒浜住民の菩提寺、浄土寺境内のがれきの中から、黄色いのぼり旗が見つかりました。こうして、黄色い旗を土・ふるさと・希望の象徴に、主人公がふるさとに戻る映画『幸福の黄色いハンカチ』に思いを託す『希望の黄色いハンカチ大作戦』が始まりました。ふるさと再生には、内外の世論喚起が必須です。法的なしばりがかけられている荒浜住民は、移転の自由・戻りの自由の両立を目標に、自らの意志を「黄色い旗」で表明し、津波が襲った各敷地になびかせました。旗は名古屋を中心に全国各地、台湾の住民・原住民からも寄せられ、内外世論を喚起しています。コミュニティデザインの国際会議も「速さより正しさ」、すなわち、行政の一方的で効率的な事業化よりも、住民の生活に根ざしたふるさと再生を求める、とする公開書簡を仙台市長に送りました(二〇一二年三月二九日)。

ケ・ケガレ・ハレをカレへ

日本民俗学が見出したケ・ケガレ・ハレの循環によって、ふるさとのくらしは成り立っていました。しかし災害によって、荒浜の人々の「気が枯れ」=ケガレの状況に追いやられ、日常性・世俗性である「ケ」は担えない重荷としてのしかかり、晴の心・洗浄性の「ハレ」に赴くことも全く困難になってしまいました。この悪循環から抜け出すには、人間は欲望(野望・大望・希望)＝「ケ」(気)をもって生きていることを改めて知る必要があります。「ケ」(気)、すなわち望みの充足がままならず失望したなら、あらゆる手段で希望を回復し、あらたな望みの充足に向かうこと、そのことが、人々に〈いま・ここ〉の存在感を取り戻させます。存在感をもって生きる「望み」を満たすためには、まず「あこがれる」ことが必要です。

写真1

津波によりケガレ(気枯れ)た「いま・ここ」の場所から別の「望み」の場所への一時的離反を試みること、それを「あこがれ」の一部をとって「カレ」と呼んでみましょう(大熊昭信『無心の詩学　大橋政人、谷川俊太郎、まど・みちおと文学人類学的批評』風間書房)。ケ・ケガレ・ハレの悪循環からの脱却としての「カレ」の活動は、荒浜で次のように始まりました。

二〇一二年九月三〇日、「荒浜再生を願う会」は、かつて各家庭で行われていた「おめげっつぁん」(お名月様)を、

写真２

「昼のお月見会」として開催（写真1）。ふるさと蘇生の活動を起しつつ、震災後お世話になった人々や地域への感謝の場として開かれました。延べ約一五〇人が参加した現場には、仮設住宅に閉じこもりがちだったお年寄りが参加し、荒浜の風にあたってなつかしい表情をうかべ、談笑する姿もありました。「仮設に一日中いて、母のもの忘れの進行が気になります。震災前は、みんなが集まるとなったら、それはそれはたーくさんの食事をつくることができた母なんです。なるべく連れ出して、みんなと話す機会をつくって、母自身が役割をもたないと」と、メンバーの一人はつぶやき[11]ました。荒浜の現地でのお茶っこなどで、出会い・交流の活動を重ねようという方向が、見えてきました。

手作りのれんがブロックのピザ窯二基（写真2）。炭火で焼く本格オリジナル・ピザは大好評。「今後もたくさんの方をおもてなしできるように、一〇基に増やしたい」と代表の貴田喜一さんのつぶやき。この日のメイン料理は「おくずがけ（温麺入）」という、荒浜の仏事に必ずいただく郷土料理で、二〇〇食を用意。さらに、川崎市の福祉作業所アルデンテの名物カレーも登場。アルデンテが地域防災拠点として美味しいカレーを常備していることも、荒浜の地域ぐるみの「総体安全」(総合的安全をしくむこと。住民ワークショップで生み出された概念)づくりにヒントをさずけてくれました。

来るべき新しいふるさと協働体での振る舞いを、この日お試し実践したようなもの。楽しい活動を通して、参加者の内にふるさとの存在感と、次なる活動への持続の志を育みます。ケ・ケガレ・ハレの悪循環の外へ、ふるさと再生という憧れ「カレ」へ逸脱することでみえてくる、人々の内なる「気」。この生命的なものこそが、ケ・ケガレ・ハレの循環の起源にある「ケ」であり、新しい生の循環としてのふるさと再生のイメージを起動させる「気」となります。

カタチに結実させる

ケ・ケガレ・ハレの悪循環を逃れて「カレ」の地点へ、といっても、どこにもない場所(nowhere)へ、ではありません。Nowhere は、no + where でもあります、now + here(いま・ここ)でもあります。現実を乗り超える楽しさ[6]により、人々は「いま・ここ」を感じ、「私たちは何を目指しているのか」という大切な「気」につながるのです。全てを流された住民自らによるふるさと蘇生が、「思い出の喚起」と「ありたき未来への共感」を共にひらけるよう、地域内外の支援者はどのように寄り添えるでしょうか。地域の住民の発想・価値を尊重しつつ、活動の継続を具体的なカタチ(空間・事業)に結実させる多様な手法を開発・展開することが、支援者の重要な課題です。

42　コミュニティビタミン

ひとりひとりが安心して日常を生き、非日常的リスクを乗り超えるためには、他者を想像し感受する心の訓練が必要です。すなわち、他者への共感を高めること。

それは例えば、障がい者とそうでない者の間で、あるいはひととまちの間で、ゆるやかな繋がりを育むことで育まれます。花や、食や、美がもたらす「喜び」が、ポジティブな感情を促すのです（つつみこむ繋がり）[39]。助ける・助けられるという自発と利他のマッチングの体験を積み重ねることで、危機に直面しても臨機応変に乗越え、共に生きる、マインドを育くみます（助ける・助けられるのマッチング）[40]。また、他者への共感[16]は、ふるさとを奪われた被災地住民が、取り戻したい風景・ふるさとを実感できる場を通じて、コミュニティ再生の「意志」を互いのうちに見出すことからも育まれます（しなやかに回復する）[41]。

いかなる災害でも、そしてその予防、緊急・応急、復旧・復興のどのレベルにおいても、住民が「喜び」というきっかけと、「共生」という未来像と「意志」という力の源泉を多様に活き活きと発揮するならば、どんな状況をもマデリング・スルー（必死のパッチ[44]でくぐりぬけること)できるのではないでしょうか?

災害という最大のトラブルをエネルギーに変えることは、究極のまち再生であり、根源的なコミュニティデザインです。「楽しさから湧き上がる喜び」「自発と利他の共生」「何を目指すかの意志」、それらを、しなやかなバネにすること。これが、あらゆるまち再生・地域再生に必須の三大栄養素です。

人間が生きる上で基本的に必須な三大栄養素を、比喩的にまち再生の三大栄養素に対応させてみましょう。「炭水化物」が脳やからだを動かすためのエネルギー源であるように、「喜び」は楽しさ[6]から湧き上る状況を変える力の源です。「脂質」が摂りすぎも不足もからだによくないように、「共生」は利己と利他のバランスの中で自他を共に生かすしくみです。「たん白質」がからだをつくる成分となる栄養素であるように、「意志」は何を目指すかの方向感とトラブルをエネルギーに変える志としてまち再生の基礎的成分です。

「喜び」「共生」「意志」がまち再生の三大栄養素であることは、本書の組み立てとも照合しています。即ち、楽しさと遊び(Ⅰ)を通しての「喜び」、つぶやきをかたちに(Ⅱ)、および、知恵の育み合い(Ⅲ)を通しての「共生」、トラブルをドラマに(Ⅳ)変える「意志」として。ところで、三大栄養素の潤滑油として働く栄養素としてビタミンが不可欠です。ビタミンB2が、糖質、脂質、たん白質の代謝を助けるように、まち再生の三大栄養素「喜び」「共生」「意志」を活き活きと作動させる栄養素を「コミュニティビタミン」と呼ぶことにしましょう。例えば、「絵本」[3]「幻燈会」[4]「笑い」[7]「リスペクト」[17]「プライド」[26]等のコミュニティビタミンは、「喜び」「共生」「意志」を刺激し促す役割を果たします。ビタミンCが細胞に強力なコラーゲンの網をはりめぐらせて、ガンの増殖をストップさせる効果が期待できるように、「想像力」[2]「聴く耳をもつ」[36]「レフレクティブ」[37]「格闘」[43]「必死のパッチ」[44]等のコミュニティビタミンはシンドイ状況を克服し、カットウを軽減させ、トラブルをエネルギーに変える効果を果たします。

本書の組み立ては、ⅠからⅣのパートの見出しがまち再生の基本栄養素として、そして各キーワードの中には、基本栄養素そのものとその活性化のための潤滑油として作動するコミュニティビタミンが張りめぐらされているのです。ここでは、項目別に三大栄養素とコミュニティビタミンの区分けを格別にはしていませんが、メタファーとして概念的にとらえていただければ幸いです。

ともあれ、住民はもとより、仕事に忙殺されてマンネリズムにおちいった行政や専門家等も、地域の声、人々の声に耳を傾けられないでいるときこそ、楽しさと遊びの「コミュニティビタミン」を補うべきなのです。加えて、トゲトゲしい対立の渦の中にある時は、住民も行政もトラブルをドラマに変える「コミュニティビタミン」を摂取するといいのです。

43 格闘

二〇〇三年の地方自治法改正によって指定管理者制度が発足し、公共施設の管理・運営が、民間企業やＮＰＯなどに包括的に委託されることになりました。「住民サービスの向上」と「経費の節減等」を図ることが目的ですが、全国の公共施設へのこの制度の運用は、「経費の節減」のみに評価軸をおくことになり、民間のビル・メンテナンス業者が営業的に運営する「住民サービス無視」に近い状態があとをたちません。

ところが岡山市の「ルネスホール」（写真１）は、「地域の文化創造の拠点として機能するような新たな息吹が感じ取れる芸術・文化施設」の運営に、指定管理者制度を生かしています。そこに至るには、制度の限界や習慣への安住を越えるための、いくつもの格闘がありました。この格闘とは、「意志の道」（Ｐ・フェルッチ著、平松園枝・手塚郁恵訳『人間性の最高表現』誠信書房）を歩むこと、「不可能」を可能にしようという意志を貫く闘いです。

ルネスホールとなったその建物は、大正一一（一九二二）年竣工の旧日本銀行岡山支店です。古典ギリシャ建築様式を採用したその外観は、正面の四本の柱に緩やかなエンタシス柱、その上下には繊細なコリント式の柱頭飾り、柱脚には重厚な柱礎が配されています。第二次大戦中の昭和二〇年六月、市街地が全焼した岡山大空襲も、目隠しに黒塗りされて生き残りました。戦後も長らく使用した日銀が新築移転した後、平成元年は岡山県が建物を取得。平成一一年に市民組織「旧日銀岡山支店を活かす会」(座長・荒木雄一郎。以下「活かす会」)が設立されます。その後「活かす会」は、全国各地の歴史的建造物の活用状況の調査研究、先行事例の現地視察、アンケート調査、お試しコンサート等の活動を通じて、平成一三年、建物の活用案を県に提出しました。

写真1

　そのコンセプトは、「歴史的保全とまちづくり・都市生活の魅力・芸術化の振興」。運営目的は「歴史的価値を共有するシンボルとして位置付ける」「都市生活での憩いと楽しみの空間を提供する」「岡山における芸術・文化の創造的な発信拠点とする」とされていました。

　さらに運営方針として、「歴史的に貴重な建物を県内外の多くの人々が活用できる」「オールゼネレーションの県民が自由に幅広く活用できる」「都心のお洒落な昼の空間とのにぎわいを楽しめる」「回遊性とにぎわいを創出し周辺施設と連携する」「類似施設との機能分担を明確化し地元客も観光客も訪れたくなる」「岡山の芸術・文化の創造に寄与する」「公的施設を民間主導で活用する」等と掲げていました。

　行政は、事業プロジェクトの基本構想を外注しがちです。担当者は往々にして「個人でリスクを背負いたくない」「前例や慣習通りにすればよい」「どうせ三年すれば異動する」ことを理由に、コンサルのレポートを安易にうのみにしがちです。

　しかし、当時の岡山県副知事、本田茂伸さんは、「旧日銀は市民の文化創造活動の場にしよう。公共空間で市民が主人公となって、活用・運営できるようにしよう。そのためには市民からの提案に聴く耳をもとう。」と英断を下します。「モノ・カネ・セイド」中心のコンサル提案をけり、「ヒト・クラシ・チイキ」を、政策と手法の中心に位置づけたのです。行政主導の慣習と格闘しつつ、「市民が自ら望む文化創造活動の主人公になること」への想像力・感受性・知性を総動員し、彼は、行政内の葛藤や議会との応答に責任をもって対処して意志を貫いたのです。

　しくみづくりの格闘とともに、ものづくりの格闘がありました。市民の構想の中核には「飲食できる多目的ホール」がありました。今でこそよくあるタイプの公共ホールですが、当時は皆無で、建築家は実現のために設計上の格闘を強いられました。

旧日銀の空間を三〇〇人収容の多目的ホールに変身させるためには、ホールに隣接してパントリー（調理空間）を設ける必要がある。しかしそうすると舞台空間がなくなる。増築も不可能で、建築設計上、二つの機能空間が競合することになってしまう。建築家・佐藤正平さんは、この矛盾を越える空間構成術を開発しました。ホール四隅に柱を立てて大空間を支える耐震柱とし、柱の中に音響照明装置などを納め、それを被う格子を意匠的にデザインし、柱の背後の壁とのスキマを舞台裏的収納空間に仕立てる（写真2）――そこには、トラブルをエネルギーに変えるしなやかな知恵と技が脈打っています。

写真2

古典建築を現代的に再生させる構造上・ディティール上の技術を駆使し、古い空間に新しい空間（入口ロビー、事務室等）を同調させ、古典主義とモダニズムの融合へとスパークさせる設計術も提起しました。クラシック、ジャズ、それぞれの演奏に適した音響性能向上のための格闘も相当なものでした。

活動づくりにも格闘的な展開がありました。「管理運営に市民が主人公になる」ための仕組みづくりは、「活かす会」の調査研究レポート提出に始まり、同会は「ＮＰＯ法人バンクオブアーツ岡山」（理事長・黒瀬仁志氏）へと発展。指定管理者制度の一年目となった翌年、県はこのＮＰＯを指定管理者に選定します。協働体制の構築をうたうＮＰＯは、ホール活用にあたり、有名プロデューサーへのお任せではなく「歴史的建造物という落ち着いた雰囲気の中で、音楽等の文化芸術を飲食しながら、気軽に楽しむ」という公共施設、オンリーワン施設になることを目指しました。そのために、すぐれたプロデューサーによる自主企画事業のほか、「特別企画事業」（国内外の著名音楽家等による文化芸術公演を年四回程度）「貸館誘致事業」（県民や文化団体等の幅広い利用に供する）「一般開放」（ホール見学と憩いの場としての無料開放）などを運営方針に据えました。

一般的に指定管理者に頼ると、多目的ホールを結婚式場として活用するイージーな儲け主義に走りがちです。ルネスホールはそれを年間一二〇本におさえ、年間六〇本のアート事業（クラシック音楽のコンサートを全体の四〇パーセント維持するほか、ジャズ、シャンソン、演劇など）をくりひろげています。

特筆すべきは、貸館誘致事業です。若い音楽家たちが無料で利用できるように、会場利用料金はＮＰＯが（消費税徴収分以外）負担、チケット料金の設定は自由。チラシ・チケット・プログラムの印刷費は上限五万円まで支援する、「ルネス・ミュージック・インキュベーション」として、世界に羽ばたき、かつ（東京に行ってしまうことなく）岡山で活動を続けるアーティストを育くんでいます。

ルネスホールは、経済主義の低きに走らずホンマモンの文化創造の高きを目指す格闘を続けているのです。

歴史的建築空間の再生と、市民主導の芸術創造活動を共に実現する「岡山方式」には、「格闘技」顔負けのいくつもの格闘がありましたが、それは空間・芸術・人間の創造的コラボレーションを志す人びとの「意志の道」、意志実現の格闘でした。

この道を旅する人は、地図のない旅をするだけでなく、途上で豊かな出会いを経験しています。市民主導のポリシーを前面に押し出した行政側の本田さん。文化創造活動の願いをかかげ実行した市民側の荒木さん。市民的願いの原則を通すために激しくやりとりした黒瀬さん。夢と現実の橋渡しをしたNPO現理事長の小玉康仁さん、空間創造の困難をブレークスルーした建築家の佐藤正平さん。ここに、地元の人々の出会いの縁を生かしあう「縁人」（エンジン）たちが揃ったのです。

小玉さんは「このプロジェクトには人間性のある人が集まりました。人間性とはゴタゴタによって離れるのではなく、みんなでつくることへの愛を育もうとすること」と語り、このプロジェクトに関わることで、「日々を倍生きている喜び」を感じるとも言います。

格闘のプロセスが、まちの内側からの再生と人の内面的育みをもたらしました。ルネスホールには、二〇一二年度日本建築学会賞（業績）が授与されました。

44　必死のパッチ

二〇一一年七月一七日、ドイツ・フランクフルトでの女子サッカー・ワールドカップ決勝戦。延長後半一点リードされたまま、土壇場の一一七分。宮間の左コーナーキックに合わせた澤。アメリカ選手の間を精妙にぬうような弧を描き、ゴールネットに突き刺さった。続いて一二一分、相手のキー・プレーヤー、モーガンは猛々しい獣の勢いで中央突破。完璧にやられたと思った次の瞬間、岩清水が捨て身のタックル。レッドカードとなったが劇的なプロフェッショナル・ファウルで、日本はなんとかＰＫ戦にこぎつける。「土壇場で追いついたんだからＰＫ戦は儲けもの。楽にいけ」と笑顔で選手を送り出した佐々木監督。３対１でＰＫ戦を制し、夢の金メダルの獲得に至る——トラブルをドラマに変えた歴史的名試合。

大躍進を象徴するキーワードは、勢いと笑顔と「必死のパッチ」（パッチとはモモヒキのこと）。

「必死のパッチ」とは関西弁で「トコトン粘り強く状況に挑戦する態度」のことです。スポーツに限らず、創造的なまち再生の取りくみにも、必死のパッチがつきものです。

本書で取り上げた、神戸真野地区の五〇年に及ぶまち育て[25]の壮絶な闘い。水俣市の公害都市から環境都市への変貌過程における住民・行政間の確執はらむ協働。全国最小の高知県赤岡町(現香南市)の、祭り[8]を通じての大きな元気の養い。仙台市荒浜地区住民のふるさと再生。断裂した状況を縫い合わせ再編する困難に住民・行政は呻吟しつつも、同時にまちの生命力を回復・再創造するそのプロセスに、共通して元気ハツラツとかかわり続けた姿がみられます。「必死のパッチ」は、単調な「粘り」を超えた、状況へのチャレンジの態度が大切なのです。サッカーにも、まち再生にも相通じる「必死のパッチ」とは……?

第一に、動くプロセスのさなかで自らを見る、反省(reflect in action、レフレクティブ[37])です(塚本明子『動く知フロネーシス』ゆみる出版、二五七頁)。サッカーの澤が味方と敵の間を動くボールにあわせて瞬時に自省的に絶妙なプレーをする。神戸の真野地区が一九六〇年代、公害との闘いのさなか公害工場を一方的に追い出すのではなく、企業の操業権を配慮し、郊外の工場団地として行政に提案する。一連の事態の流れの中での自省的判断、冷静に省みる姿勢が重要なのです。

そして、状況をくずして侵入する偶然の出来事に、「自らの構造を変えながら対応する」能力(同前、一三八頁)。サッカーの岩清水が突然の危機に身を挺したように、神戸真野地区も、震災復興の闘いには自治会・住民等は機敏に周到に身を挺してきました。棚からボタモチ式の「因果的決定論」を待つのではなく、事態を変えるために現実と向き合う、ひたむきな「創造的自立性」の姿勢が貫かれています。

さらに、教えられて動くのではなく、動く主体として動く「こと」をわが身のこととして内側から捉えること(同前、一五七頁)。サッカー選手たちの咄嗟の「必死のパッチ」の動きは、日々の緊張感ある猛練習の繰り返しで鍛えられます。住民たちの「必死のパッチ」の動きも、社会的・文化的な環境のなかで、生きた知識を複雑に働かせる経験を時間をかけて積み、養うのです。

また、専門家であっても未知の事態に自らをひらき、自ら変容し、マニュアル通りにいかない場でアドリブで対応ができること。女子サッカーの佐々木監督は、予期せぬ戦局の展開に柔軟に対応し、選手に即興的・現場的判断を促しました。コミュニティデザインの現場にかかわる専門家も、前例のない事態に、かつ刻々と変化する現場で、今ここで「何が重要か」を判断する「動く知」を養い続けなければなりません。

最後に、いかなる状況をも乗り越えられるのだ、という想像力。[2] 未だかつてないことに想いをめぐらせるイマジネーションが生む高揚感と解放感、その表現の楽しさを見出すプレーヤーになることです。サッカーのプレーヤー（選手）も、まち再生のプレーヤー（物語りの登場人物）も、その役を担うには、あらゆるプロセスを徹底的に楽しむことが必要なのです。

「必死のパッチ」なんてカッコワルイ、と思う人も、こうしたセンスとスキルを、日々の実践でゆるやかに学び続けるならば、「必死のパッチ」をカッコヨク着こなす存在になるでしょう。そして生き方そのものも、変わるでしょう。

あとがき

本書で取り上げてきた「まち再生の術語」を貫く基調は、住民が主人公になり、まわりとゆるやかにつながる、『プラムおじさんの楽園』(↓10 私発協働)のような物語りです。この物語りに象徴されるようなイギリスの「ナショナルトラスト」の運動は、ナイチンゲールと並んで著名な一九世紀の社会改革者オクタビア・ヒルが、仲間とともに立ち上げました(一八九五年)。彼女の目指したことは、身近な環境から国土全体に至るまで、子どもがすくすく育つ環境としてのオープンスペースを実現することでした。彼女はまた、借家人たちや子どもたちとのかかわりの中で、トラブルをエネルギーにしながらみんなを楽しませようと、ディケンズの小説『辛い世の中(Hard Times)』のスリアリー氏の言葉「人間ってのば楽しばなぐてば、旦那さん」をしばしば引用しました。なまりをはずした英語表現は、"People must be amused, Squire"です。

本書のコンセプトはまさに「人生ってエエモンやなあ」「自分のまちは捨てたもんやないなあ」と「生を楽しむ」センスです。先日の京都市協働連続講座では、市民ひとりひとりの弱さを補い合い、強みを高めあう関係づくりについて語り合いました。その際に、あるグループからは「生きることを楽しむ力を育む」というすばらしいフレーズが、キーワードとして提起されました。市民たちの語り合いの場で、ヒルやディケンズがスリアリー氏の言葉に託したのと同じセンスがみずみずしく発せられただけでなく、「空家を活用して「聞き酒バー」(傾聴酒、利き酒)を立ち上げよう」等の具体的な提案もなされました。

こうした「生を楽しむ」発想を取り戻し、住民主体の災害公営住宅づくりの気運を高めあう場が、仙台・東北大学で催されました(二〇一三年二月一一日)。キャンパス内でNHKが震災復興支援企画として公開収録し、講演・シンポジウム・ワークショップ等を行なった「公開復興サポート　明日へ」です。そのひとつ、「〝みんなの公営住宅〟を作ろう」には、岩手県大船渡市、宮城県名取市、山元町から住民・関係者(一一歳から八一歳まで約五〇人)が集まりました。筆者は、神戸市真野の公営住宅コレクティブハウジングや、本書でも紹介した京都のユーコート、東京・武蔵野市の緑町パークタウンでの経験を、幻燈会でプレゼンテーションしました。緑町からは興梠さん、木村さんも駆けつけ、住み手の実感のこもった話を披露。会場からは、「めげそうな自分ですが、よその取り組みからエネルギーをもらいました。」との反応。後半、参加者によるワークショップ「こんな暮らし方したいナ」では、イメージを喚起する写真を使って、各グループが物語りを作り発表しました。

「今日の成果を地域にもち帰り、仲間に伝え動いていきたい」「地元では対立の渦の中で疲弊しきっていましたが、今日ここに参加して、これからエネルギーが爆発するのではないかという感覚を得ることができました！」との前向きのつぶやきが、参加者から発せられました。「モノ・カネ・セイド」は手段。「ヒト・クラシ・チイキ」を尊重する「ふるさと再生有縁コミュニティ住宅づくり」に、住民が主人公となってつくり育もう、という方向感を参加者が分かちあえたと感じました。ＮＨＫには、従来の解説番組やドキュメンタリー番組を超える、状況変革志向の「介入型ドキュメンタリー」として、今後さらにフォローを重ねていくことを期待します。筆者も住民たちの動きを機会ある毎に支援したいと思います。

本書では、現代社会の多様な悩みや地域・人々の疲弊を越える「まち再生の術語」を手探りしてきました。深刻さの記述や改善方策の立案も大切ですが、一番大事なことは、ひとりひとりが「自分の生きる現場から状況を変えることを楽しむ」ことではないでしょうか。他者と共有された楽しさの体験は、創造的なアイディアや革新的な活動を生む縁を拡げ、生きる未来への方向感・希望をひらいていくものです。その過程では、芋ヅル式にキーワードがつながりあっていきます。

そこで根茎《リゾーム》のように絡み合うまち再生のプロセスが腑に落ちるよう、本書のキーワード（術語)から別のキーワードへ、ヒラヒラと蝶が舞うごとく自由移行する読み方ができるようにしました(凡例参照)。一方で、いくつかの術語群が相互に連関しあって、まとまりのあるまち再生イメージを喚起するよう、術語の星座的な配置を試みました(「術語の星座」参照)。古代の人々が暗闇の中に想像をめぐらせ物語りを星座に投影したように、混濁する状況を超えるイメージが術語の連関から生まれるよう願っています。

もっとこんな術語があるではないか、こんな風に表現したらよい等々、読者のご批判やご提案で、まち再生の術語の星座がさらに拡張・充実していけばと念じています。

本書は、もともとは異なった書きぶりの原稿の組み合わせから成り立っています。日々の全国行脚の経験の書き下ろし、過去に執筆した拙稿の大幅改稿、最近の雑誌掲載原稿(2と3は「絵本のなかのコミュニティ・ビタミン」『建築ジャーナル』二〇一三年一・二月号)等が束ねられています。ページを繰る楽しさを助けるため、項目間の流れを視覚的にスムーズにするために、ページの隅にパラパラ漫画を導入しました。イラストレーターのフィリップさんは名古屋錦二丁目長者町の地区マスタープラン策定の際にも、精妙なタッチのイラストで面白い流れを添えてくださいましたが、今回も彼女の自由奔放にしてユニークな表現で、術語間をスキップする楽しさを醸し出してくれました。ありがとうございます。各章扉の四行詩(筆者作)を、リズミカルな書に仕立てていただいた橋本夏次さんにも、感謝申し上げたい。

錦二丁目長者町のまちの会所の「アルジ」名畑恵さんからは、ＮＰＯの事務局長、筆者のアシスタントとしての多面的サポートの合い間に、本書の組み立て・表現・原稿作成等に支援がありました。多謝。本書編集の最終盤には、筆者の活動拠点・まちの会所引越しの大作業が重なりました。日頃から助けられていますが、ピンチに際して、町の若旦那たち、町内会長、長者町ゼミのメンバー、取材にこられた新聞記者、中学生を含む家族ぐるみ、ＮＰＯメンバー等々からいただいた献身的ワークによって危機的状況を乗越えることができました。ありがたいことです。本書で取りあげた全国のまち再生「縁人」たちにも、お世話になり触発され続けたことに感謝をささげます。

本書編集にあたり、全体方針の設定・既存原稿のリライト・書き下ろし原稿のチェック等にわたり、新書編集部の十時由紀子さんからの誠に大きいお力添えをいただきました。過剰に内圧の高い文章をほどよい内容に整えていただく術はまるで上質な「濾過機」を眼前にする不思議な思いでした。それらがなかったらこの一冊は生まれなかったでしょう。心よりお礼申し上げます。

厳しい寒さの中、タンポポが雪を割って咲き始める仙台にて

二〇一三年二月一二日

延藤安弘

■パラパラマンガ（フィリップ画）解説

ちいさいつぶやき　輪をつくり
いろんな模様　生んでいく

まちの助っ人　全国行脚
海あり　山あり　街あり
談論風発　コモンミールの笑顔あり

ミツバチ　花々にて蜜集め
縁側　人々とネコ招き
家々　木々繁って鳥を呼び
路上コタツ　子どもが遊ぶ

これら風景の幻燈　またつぶやきを生み
生命の花　まちに咲かせるでしょう

延藤安弘

1940年大阪に生まれる．北海道大学工学部建築工学科卒業．京都大学大学院博士課程中途退学．生活空間計画学専攻，工学博士．京都大学助手，熊本大学教授，千葉大学教授，愛知産業大学教授，国立台湾大学客員教授等を経て，現在NPO法人まちの縁側育くみ隊代表理事．

著書―『まちづくり読本』(晶文社)，『集まって住むことは楽しいナ』(鹿島出版会)，『「まち育て」を育む』(東京大学出版会)，『おもろい町人(まちんちゅ)』(太郎次郎社エディタス)，『マンションをふるさとにしたユーコート物語』(昭和堂，共著)，ほか多数．

まち再生の術語集　　岩波新書(新赤版)1418

2013年3月19日　第1刷発行

著　者　延藤安弘《えんどうやすひろ》

発行者　山口昭男

発行所　株式会社 岩波書店
〒101-8002 東京都千代田区一ツ橋2-5-5
案内 03-5210-4000　販売部 03-5210-4111
http://www.iwanami.co.jp/

新書編集部 03-5210-4054
http://www.iwanamishinsho.com/

印刷・三陽社　カバー・半七印刷　製本・中永製本

ISBN 978-4-00-431418-9　　Printed in Japan

岩波新書新赤版一〇〇〇点に際して

ひとつの時代が終わったと言われて久しい。だが、その先にいかなる時代を展望するのか、私たちはその輪郭すら描きえていない。二〇世紀から持ち越した課題の多くは、未だ解決の緒を見つけることのできないままであり、二一世紀が新たに招きよせた問題も少なくない。グローバル資本主義の浸透、憎悪の連鎖、暴力の応酬――世界は混沌として深い不安の只中にある。

現代社会においては変化が常態となり、速さと新しさに絶対的な価値が与えられた。消費社会の深化と情報技術の革命は、種々の境界を無くし、人々の生活やコミュニケーションの様式を根底から変容させてきた。ライフスタイルは多様化し、一面では個人の生き方をそれぞれが選びとる時代が始まっている。同時に、新たな格差が生まれ、様々な次元での亀裂や分断が深まっている。社会や歴史に対する意識が揺らぎ、普遍的な理念に対する根本的な懐疑や、現実を変えることへの無力感がひそかに根を張りつつある。そして生きることに誰もが困難を覚える時代が到来している。

しかし、日常生活のそれぞれの場で、自由と民主主義を獲得し実践することを通じて、私たち自身がそうした閉塞を乗り超え、希望の時代の幕開けを告げてゆくことは不可能ではあるまい。そのために、いま求められていること――それは、個と個の間で開かれた対話を積み重ねながら、人間らしく生きることの条件について一人ひとりが粘り強く思考することではないか。その営みの糧となるものが、教養に外ならないと私たちは考える。歴史とは何か、よく生きるとはいかなることか、世界そして人間はどこへ向かうべきなのか――こうした根源的な問いとの格闘が、文化と知の厚みを作り出し、個人と社会を支える基盤としての教養となった。まさにそのような教養への道案内こそ、岩波新書が創刊以来、追求してきたことである。

岩波新書は、日中戦争下の一九三八年一一月に赤版として創刊された。創刊の辞は、道義の精神に則らない日本の行動を憂慮し、批判的精神と良心的行動の欠如を戒めつつ、現代人の現代的教養を刊行の目的とする、と謳っている。以後、青版、黄版、新赤版と装いを改めながら、合計二五〇〇点余りを世に問うてきた。そして、いままた新赤版が一〇〇〇点を迎えたのを機に、人間の理性と良心への信頼を再確認し、それに裏打ちされた文化を培っていく決意を込めて、新しい装丁のもとに再出発したいと思う。一冊一冊から吹き出す新風が一人でも多くの読者の許に届くこと、そして希望ある時代への想像力を豊かにかき立てることを切に願う。

（二〇〇六年四月）

岩波新書より

社会

欧州のエネルギーシフト　脇阪紀行
家族という意志　芹沢俊介
ルポ 良心と義務　田中伸尚
靖国の戦後史　田中伸尚
日の丸・君が代の戦後史　田中伸尚
飯舘村は負けない　千葉悦子・松野光伸
夢よりも深い覚醒へ　大澤真幸
不可能性の時代　大澤真幸
3・11 複合被災　外岡秀俊
子どもの声を社会へ　桜井智恵子
就職とは何か　森岡孝二
働きすぎの時代　森岡孝二
日本のデザイン　原研哉
ポジティヴ・アクション　辻村みよ子
脱原子力社会へ　長谷川公一
希望は絶望のど真ん中に　むのたけじ
戦争絶滅へ、人間復活へ　むのたけじ・黒岩比佐子 聞き手

福島 原発と人びと　広河隆一
アスベスト 広がる被害　大島秀利
原発を終わらせる　石橋克彦編
大震災のなかで 私たちは何をすべきか　内橋克人編
日本の食糧が危ない　中村靖彦
ウォーター・ビジネス　中村靖彦
食の世界にいま 何がおきているか　中村靖彦
勲章 知られざる素顔　栗原俊雄
希望のつくり方　玄田有史
生き方の不平等　白波瀬佐和子
同性愛と異性愛　風間孝・河口和也
居住の貧困　本間義人
贅沢の条件　山田登世子
ブランドの条件　山田登世子
新しい労働社会　濱口桂一郎
世代間連帯　上野千鶴子・辻元清美
当事者主権　中西正司・上野千鶴子

ルポ 雇用劣化不況　竹信三恵子
道路をどうするか　五十嵐敬喜・小川明雄
建築紛争　五十嵐敬喜・小川明雄
「都市再生」を問う　五十嵐敬喜・小川明雄
ルポ 労働と戦争　島本慈子
戦争で死ぬ、ということ　島本慈子
ルポ 解雇　島本慈子
子どもの貧困　阿部彩
子どもへの性的虐待　森田ゆり
森の力　浜田久美子
テレワーク 「未来型労働」の現実　佐藤彰男
反貧困　湯浅誠
地域の力　大江正章
ベースボールの夢　内田隆三
グアムと日本人 戦争を埋立てた楽園　山口誠
少子社会日本　山田昌弘
親米と反米　吉見俊哉
「悩み」の正体　香山リカ

岩波新書より

いまどきの「常識」　香山リカ
若者の法則　香山リカ
変えてゆく勇気　上川あや
定年後　加藤仁
労働ダンピング　中野麻美
誰のための会社にするか　ロナルド・ドーア
ルポ 改憲潮流　斎藤貴男
安心のファシズム　斎藤貴男
社会学入門　見田宗介
現代社会の理論　見田宗介
冠婚葬祭のひみつ　斎藤美奈子
壊れる男たち　金子雅臣
少年事件に取り組む　藤原正範
まちづくりと景観　田村明
まちづくりの実践　田村明
悪役レスラーは笑う　森達也
大型店とまちづくり　矢作弘
桜が創った「日本」　佐藤俊樹
生きる意味　上田紀行
ルポ 戦争協力拒否　吉田敏浩

社会起業家　斎藤槙
日本縦断 徒歩の旅　石川文洋
男女共同参画の時代　鹿嶋敬
リサイクル社会への道　寄本勝美
豊かさの条件　暉峻淑子
豊かさとは何か　暉峻淑子
日本の刑務所　菊田幸一
山が消えた 残土・産廃戦争　佐久間充
ああダンプ街道　佐久間充
技術官僚　新藤宗幸
少年犯罪と向きあう　石井小夜子
仕事が人をつくる　小関智弘
自白の心理学　浜田寿美男
原発事故はなぜくりかえすのか　高木仁三郎
プルトニウムの恐怖　高木仁三郎
女性労働と企業社会　熊沢誠
能力主義と企業社会　熊沢誠
科学事件　柴田鉄治

証言 水俣病　栗原彬編
東京国税局査察部　立石勝規
バリアフリーをつくる　光野有次
ドキュメント 屠場　鎌田慧
過労自殺　川人博
現代社会と教育　堀尾輝久
原発事故を問う　七沢潔
災害救援　野田正彰
現代たべもの事情　山本博史
在日外国人〔新版〕　田中宏
日本の農業　原剛
ボランティア もうひとつの情報社会　金子郁容
スパイの世界　中薗英助
都市開発を考える　大野輝之／レイコ・ハベ・エバンス
ディズニーランドという聖地　能登路雅子
原発はなぜ危険か　田中三彦
ODA 援助の現実　鷲見一夫
われ＝われの哲学　小田実

教育

大学とは何か	吉見俊哉
赤ちゃんの不思議	開一夫
日本の教育格差	橘木俊詔
社会力を育てる	門脇厚司
子どもの社会力	門脇厚司
子どもが育つ条件	柏木惠子
障害児教育を考える	茂木俊彦
障害児と教育	茂木俊彦
誰のための「教育再生」か	藤田英典編
教育改革	藤田英典
教育力	齋藤孝
思春期の危機をどう見るか	尾木直樹
子どもの危機をどう見るか	尾木直樹
学力を育てる	志水宏吉
幼児期	岡本夏木
子どもとことば	岡本夏木
「わかる」とは何か	長尾真
学力があぶない	大野晋 上野健爾
ワークショップ	中野民夫
ニューヨーク日本人教育事情	岡田光世
子どもとあそび	仙田満
子どもと学校	河合隼雄
子どもと自然	河合雅雄
子どもの宇宙	河合隼雄
教育とは何か	大田堯
からだ・演劇・教育	竹内敏晴
教育入門	堀尾輝久
日本教育小史	山住正己
乳幼児の世界	野村庄吾
自由と規律	池田潔
私は二歳	松田道雄
私は赤ちゃん	松田道雄

心理・精神医学

心の病 回復への道	野中猛
自殺予防	高橋祥友
だます心 だまされる心	安斎育郎
痴呆を生きるということ	小澤勲
〈こころ〉の定点観測	なだいなだ編著
純愛時代	大平健
やさしさの精神病理	大平健
豊かさの精神病理	大平健
快適睡眠のすすめ	堀忠雄
夢分析	新宮一成
精神病	笠原嘉
生涯発達の心理学	高橋惠子 波多野誼余夫
心病める人たち	石川信義
コンプレックス	河合隼雄

岩波新書より

随筆

本へのとびら　宮崎駿
人間と国家 上・下 ある政治学徒の回想　坂本義和
ぼんやりの時間　辰濃和男
文章のみがき方　辰濃和男
四国遍路　辰濃和男
文章の書き方　辰濃和男
思い出袋　鶴見俊輔
活字たんけん隊　椎名誠
活字のサーカス　椎名誠
道楽三昧　小沢昭一 神崎宣武 聞き手
仕事道楽 スタジオジブリの現場　鈴木敏夫
人生読本 落語版　矢野誠一
ブータンに魅せられて　今枝由郎
悪あがきのすすめ　辛淑玉
水の道具誌　山口昌伴
スローライフ　筑紫哲也

森の紳士録　池内紀
沖縄生活誌　高良勉
シナリオ人生　新藤兼人
老人読書日記　新藤兼人
弔辞　新藤兼人
怒りの方法　辛淑玉
メルヘンの知恵　宮田光雄
伝言　永六輔
夫と妻　永六輔
職人　永六輔
大往生　永六輔
書き下ろし歌謡曲　阿久悠
現代人の作法　中野孝次
日本の「私」からの手紙　大江健三郎
あいまいな日本の私　大江健三郎
沖縄ノート　大江健三郎
ヒロシマ・ノート　大江健三郎
日記―十代から六十代までのメモリー―　五木寛之
山への挑戦　堀田弘司

勝負と芸 わが囲碁の道　藤沢秀行
メキシコの輝き　黒沼ユリ子
プロ野球審判の眼　島秀之助
短編小説礼讃　阿部昭
昭和青春読書私史　安田武
ヒマラヤ登攀史〔第二版〕　深田久弥
南極越冬記　西堀栄三郎
羊の歌 正・続　加藤周一
知的生産の技術　梅棹忠夫
論文の書き方　清水幾太郎
一日一言　桑原武夫編
インドで考えたこと　堀田善衞
岩波新書をよむ　岩波新書編集部編

岩波新書より

芸術

デスマスク	岡田温司
コルトレーン ジャズの殉教者	藤岡靖洋
雅楽を聴く	寺内直子
歌謡曲	高護
『七人の侍』と現代	四方田犬彦
四コマ漫画	清水勲
漫画の歴史	清水勲
琵琶法師	兵藤裕己
日本庭園	小野健吉
歌舞伎の愉しみ方	山川静夫
自然な建築	隈研吾
シェイクスピアのたくらみ	喜志哲雄
演出家の仕事	栗山民也
肖像写真	多木浩二
ヌード写真	多木浩二
世界の音を訪ねる	久保田麻琴
Jポップとは何か	烏賀陽弘道
宝塚というユートピア	川崎賢子
瀧廉太郎	海老澤敏
東京遺産	森まゆみ
日本の色を染める	吉岡幸雄
プラハを歩く	田中充子
蕪村	藤田真一
愛すべき名歌たち	阿久悠
コーラスは楽しい	関屋晋
ぼくのマンガ人生	手塚治虫
ジャズと生きる	穐吉敏子
〝劇的〟とは	木下順二
日本の近代建築 上・下	藤森照信
日本の舞踊	渡辺保
千利休 無言の前衛	赤瀬川原平
やきもの文化史	三杉隆敏
色彩の科学	金子隆芳
集落への旅	原広司
歌右衛門の六十年	中村歌右衛門 山川静夫
抽象絵画への招待	大岡信
床の間	太田博太郎
日本の耳	小倉朗
絵を描く子供たち	北川民次
名画を見る眼 正・続	高階秀爾
音楽の基礎	芥川也寸志
日本美の再発見〔増補改訳版〕	ブルーノ・タウト 篠田英雄訳

岩波新書より

言語

テレビの日本語　加藤昌男
日本語雑記帳　田中章夫
英語で話すヒント　小松達也
仏教漢語50話　興膳宏
漢語日暦　興膳宏
語感トレーニング　中村明
曲り角の日本語　水谷静夫
日本語の古典　山口仲美
日本語の歴史　山口仲美
日本語と時間　藤井貞和
ことばと思考　今井むつみ
漢文と東アジア　金文京
外国語学習の科学　白井恭弘
日本語の源流を求めて　大野晋
日本語の教室　大野晋
日本語練習帳　大野晋
日本語の起源〔新版〕　大野晋
日本語の文法を考える　大野晋

エスペラント　田中克彦
名前と人間　田中克彦
言語学とは何か　田中克彦
ことばと国家　田中克彦
英文の読み方　行方昭夫
漢字伝来　大島正二
ことば遊びの楽しみ　阿刀田高
日本の漢字　笹原宏之
日本の英語教育　山田雄一郎
ことばの由来　堀井令以知
コミュニケーション力　齋藤孝
聖書でわかる英語表現　石黒マリーローズ
横書き登場　屋名池誠
漢字と中国人　大島正二
言語の興亡　R.M.W.ディクソン　大角翠訳
中国現代ことば事情　丹藤佳紀
ことば散策　山田俊雄
ことばの履歴　山田俊雄
日本人はなぜ英語ができないか　鈴木孝夫

教養としての言語学　鈴木孝夫
日本語と外国語　鈴木孝夫
ことばと文化　鈴木孝夫
心にとどく英語　マーク・ピーターセン
日本人の英語 正・続　マーク・ピーターセン
翻訳と日本の近代　丸山真男　加藤周一
日本語ウォッチング　井上史雄
仕事文の書き方　高橋昭男
日本語はおもしろい　柴田武
日本の方言　柴田武
日本語〔新版〕上・下　金田一春彦
外国語上達法　千野栄一
外国人とのコミュニケーション　J.V.ネウストプニー
翻訳語成立事情　柳父章
日本語と女　寿岳章子
漢字　白川静
四字熟語ひとくち話　岩波書店辞典編集部編
ことわざの知恵　岩波書店辞典編集部編